CESAR A.G. HASSELMANN

QUEBRANDO A VIDA

**A VIDA QUE TODO DONO DE NEGÓCIOS SONHA EM TER!
GUIA DE COMO CHEGAR LÁ**

CESAR HASSELMANN
BUSINESS GROWTH GURU

Literare Books
INTERNATIONAL
BRASIL · EUROPA · USA · JAPÃO

Copyright© 2023 by Literare Books International
Todos os direitos desta edição são reservados à Literare Books International.

Presidente:
Mauricio Sita

Vice-presidente:
Alessandra Ksenhuck

Chief Product Officer:
Julyana Rosa

Diretora de projetos:
Gleide Santos

Capa:
Gabriel Uchima

Diagramação:
Candido Ferreira Jr.

Revisão:
Ivani Rezende e Rodrigo Rainho

Chief Sales Officer:
Claudia Pires

Impressão:
Trust

Dados Internacionais de Catalogação na Publicação (CIP)
(eDOC BRASIL, Belo Horizonte/MG)

H355q Hasselmann, Cesar A. G.
   Quebrando a vida / Cesar A. G. Hasselmann. – São Paulo, SP: Literare Books International, 2023.

   ISBN 978-65-5922-626-9

   1. Autorrealização. 2. Superação. 3. Sucesso nos negócios. I.Título.

   CDD 158.1

Elaborado por Maurício Amormino Júnior – CRB6/2422

Literare Books International
Alameda dos Guatás, 102 – Saúde – São Paulo, SP.
CEP 04053-040
Fone: +55 (0**11) 2659-0968
site: www.literarebooks.com.br
e-mail: literare@literarebooks.com.br

AGRADECIMENTOS

O livro *Quebrando a vida* é um guia com passos simples para a maneira mais rápida e fácil de encontrar sucesso, harmonia e equilíbrio entre vida e trabalho.

Gostaria de agradecer imensamente à minha família, especialmente à minha mãe e a meu pai, por me apoiarem e me darem espaço para ser eu mesmo; às minhas irmãs, que me levaram aos limites do entendimento do que é o amor e os relacionamentos.

A meu irmão, que veio a este mundo para ter uma conexão especial com as pessoas, é uma grande parte da minha vida. A meu filho, que me faz sentir completo e confortável em minha própria pele, também é uma inspiração. E, não posso esquecer, à mãe do meu filho, que mudou suas crenças e estilo de vida para ser a supermãe que ela é.

O livro foi escrito em inglês e agora está sendo traduzido para o português. Para obter os significados e a gramática corretos sem perder meu estilo pessoal, tive a sorte de contar com amigos que sabem quem sou e no que acredito para me ajudar.

SUMÁRIO

7 **Introdução**

9 **A descoberta da vida**

16 **Capítulo 1** | Compreendendo a si mesmo

46 **Capítulo 2** | Cuide da sua mente e corpo

72 **Capítulo 3** | Simplifique sua vida

100 **Capítulo 4** | Faça o que você ama

126 **Capítulo 5** | Quebrando o ciclo do "trabalhismo"

144 **Capítulo 6** | Aprenda a desconectar

168 **Capítulo 7** | Passado-presente-futuro

183 **Nossa história:** O que fazemos e como chegamos aqui

INTRODUÇÃO

Este livro é para aqueles que não estão felizes com seus negócios, trabalho e/ou jornada de vida, que lutam todos os dias e se encontram presos na corrida dos ratos dos sistemas sociais e econômicos de hoje.

Se você se sente sobrecarregado pela responsabilidade e está lutando para viver uma vida melhor, desejando mais sucesso, paz interior, estabilidade emocional e financeira, este livro o ajudará a encontrar o caminho para sua vida desejada mais rápido do que possa imaginar. Ele o ajudará a começar a construir a vida dos seus sonhos do jeito que quiser, enquanto também desfruta da jornada.

Este livro não "coloca você em uma caixa" e não lhe diz o que fazer; permite que interprete a sabedoria de acordo com a própria jornada, enquanto o ajuda a aproveitar sua vida AGORA. Ao longo deste livro, quero que abrace a citação de Aristóteles: "Somos o que repetidamente fazemos" ou, neste caso, "Somos o que repetidamente lemos". Este livro fornece as respostas que você precisa para sentir a satisfação profunda da felicidade, liberdade, alegria e gratidão. Para garantir que alcance esses objetivos e interprete a sabedoria, eu fui repetitivo em minhas mensagens para incentivar o desenvolvimento de uma rotina de mentalidade positiva. Com o tempo, isso se tornará sua nova norma de pensamento e de vida.

Meu pai não conseguiu viver sob esse conceito. Ele era um executivo global de alto nível, viajando muito e sob enorme pressão. Foi um desafio para ele estar disponível para seu irmão e irmãs exigentes, seus pais e, é claro, seus quatro filhos e sua esposa. Ele cuidava do bem-estar de sua equipe e nos proporcionou uma boa vida. Obrigado, pai! Eu aprecio tudo o que você fez.

A DESCOBERTA DA VIDA

No entanto, isso teve um preço – o da própria felicidade dele. Embora houvesse momentos de alegria e celebração, ele frequentemente se sentia frustrado por ter que apoiar todos os outros. Seu trabalho o afastou de momentos-chave em nossas vidas. Eu costumava me perguntar: por que ele precisa passar por isso? Por que sua vida é uma série de correr de um lugar para outro, de uma pessoa para outra, sem tempo para o próprio bem-estar e felicidade?

Uma coisa que aprendi com a situação do meu pai é que você não pode apoiar os outros se não se apoiar primeiro. Eu não me refiro apenas financeiramente; estou falando de apoio emocional, incluindo amor, cuidado e atenção. Você só pode dar o que tem em abundância.

Eu tive muitos negócios. Alguns foram extremamente bem-sucedidos; outros fracassaram. Minha vida pessoal também teve seus altos e baixos. De cada situação, aprendo. Eu sinto que minha jornada de vida me ensinou como ajudar as pessoas a não sentirem o mesmo que meu pai e eu sentimos por muitos anos. Agora, quero ajudar você.

A Quebra de Paradigmas Começa Agora! "Um equilíbrio entre vida e trabalho".

Sim, você leu isso certo: equilíbrio entre vida e trabalho. Provavelmente, está acostumado a ouvir falar em equilíbrio entre trabalho e vida pessoal; é isso que todo mundo fala. Vamos adotar uma nova abordagem e colocar a VIDA antes do trabalho.

Só podemos trabalhar porque estamos vivos. Faz sentido que nos concentremos na vida como um todo, com o trabalho sendo uma parte equilibrada dela, e não o evento principal.

Com frequência, damos importância às nossas carreiras, como se fossem a única coisa que nos define. Pensamos que nosso emprego ou carreira é a bússola que aponta para o verdadeiro norte. Às vezes, precisamos dar um passo atrás e lembrar que, embora uma carreira seja significativa, ela não é a definição última de quem somos.

A vida tem muitos aspectos: o indivíduo, o corpo, a mente, o espírito e as pessoas que nos rodeiam. O trabalho é apenas um aspecto da vida; não é o centro do nosso ser. Esses vários aspectos nos tornam quem somos. Só podemos ser nosso melhor vivendo nossas melhores vidas, trabalhando em cada aspecto de nós mesmos. É preciso uma abordagem equilibrada e completa para nos ajudar a realizar todo nosso potencial. Precisamos de uma revolução. Precisamos de um novo código. Precisamos de uma nova perspectiva para construir e melhorar nossas vidas.

Para muitos, a busca por um equilíbrio saudável entre vida e trabalho parece impossível de alcançar. Nós nos encontramos malabarizando trabalho, família e outros relacionamentos e responsabilidades. Com as pressões diárias que enfrentamos, não é surpresa que estejamos "hiperestressados". E, é claro, isso não é saudável nem equilibrado.

Vivemos nossas vidas diárias seguindo as normas sociais e atendendo às expectativas das outras pessoas. Achamos que é perfeitamente aceitável seguir o mesmo cronograma que todo mundo: concluir a educação, conseguir um emprego, casar, ter uma família, progredir na carreira e ter as comodidades do sucesso antes de começar a viver a vida que desejamos.

É fácil deixar de lado os efeitos negativos duradouros do estresse quando estamos com pressa para fazer as coisas em casa e no trabalho. De forma estranha, enquanto lutamos para lidar com nossos deveres e responsabilidades, sentimos que estamos funcionando bem. Mas a verdade é que nossa produtividade está baixa.

Doses regulares de estresse afetam nossa concentração e humor, corremos o risco de prejudicar nossos relacionamentos profissionais e pessoais. Com o tempo, esse ciclo afeta nossos corpos físicos. O estresse afeta nosso sistema imunológico, o que pode comprometer nossa saúde e nos tornar suscetíveis a altos e baixos emocionais. Muitas vezes acreditamos que precisamos de certo nível de estresse para nos motivar a maior esforço. No entanto, isso é arriscado porque o estresse se acumula e nos afeta negativamente.

Portanto, o equilíbrio importa. Redução do estresse, melhor saúde física e mental, aumento da produtividade, mais felicidade, melhor resiliência e um senso interno de conhecimento e realização de seu propósito são todas ótimas razões para priorizar o equilíbrio em sua vida.

Vamos examinar o conceito de "Equilíbrio". Um equilíbrio saudável entre vida e trabalho não é um objetivo de curto prazo. Deve ser buscado ao longo do tempo e ajustado conforme necessário.

Embora seja fácil dizer a palavra "equilíbrio", é difícil executar essa tarefa. Com os desafios da vida diária, precisamos olhar para dentro de nós mesmos. Isso é importante. Não há nada de errado em ter que dar uma pausa para melhorar vários aspectos de nossas vidas. Há valor em se conhecer, ir devagar e contrariar as normas sociais. Esse processo pode levar ao sucesso e ao equilíbrio na vida.

Há também um efeito cascata. A maneira como lidamos conosco reflete nas pessoas ao nosso redor. Como líder ou gerente, criar um ambiente equilibrado afeta os colegas de equipe. Sua perspectiva sobre o equilíbrio entre vida e trabalho também pode afetar sua família.

Neste livro, abordaremos o valor de olhar para dentro de nós mesmos e transformar nossas atitudes, trabalharemos em como lidar com desafios comuns, como mudar e gerenciar nossa mentalidade e controlar o estresse.

Este livro é um presente para você. Apresento-lhe um programa que pode mudar a sua vida. Aqui, você aprenderá como se moldar da melhor maneira possível para sua vida pessoal, família, negócios e carreira. Vamos ver como alcançar um equilíbrio entre vida e trabalho, abordando as áreas principais da sua vida com várias dicas e atividades para ajudá-lo em sua jornada.

Cada capítulo contém um conjunto de perguntas orientadoras e notas para ajudá-lo a planejar os próximos passos e metas futuras. No final de cada capítulo, há uma sequência de perguntas para você completar; esta é sua "planta", um guia pessoal que pode consultar enquanto trabalha no equilíbrio entre sua vida e trabalho.

"Vamos começar uma revolução, ganhar uma nova perspectiva e recomeçar. Este é o primeiro passo". (Cesar A.G. Hasselmann). Por isso, vou pedir que você deixe para trás seu pensamento racional e experiências pessoais e responda às perguntas para chegar à fonte, seja lá o que isso signifique para você.

Quem sou eu?
- Uma pessoa?
- Um indivíduo?
- Um menino? Uma menina?
- Um adulto ou uma criança?
- Velho ou jovem?
- Negro, branco ou de qualquer outra cor?
- Cristão, judeu ou de qualquer outra religião?

O que nos guia? O que nos orienta?

A nossa mente?

Regras claras de certo e errado?

As nossas emoções? O que quer que estejamos sentindo no momento?

O nosso coração? O que quer que seja querido para nós?

Por que estamos aqui neste momento com as pessoas ao nosso redor, fazendo o que fazemos e sentindo o que sentimos hoje?

Você consegue responder a isso?

A descoberta da vida

A realidade é que cada um de nós é composto por:

CORPO + ESPÍRITO O que somos feitos.

Uma "energia" que move uma "matéria".

CORPO O corpo é feito de "matéria" (você pode tocá-lo).

ESPÍRITO É a nossa conexão profunda com a energia superior que nos faz existir.

ALMA Quem somos, nossa identidade única.

Uma "energia"! É a parte invisível do nosso corpo que nos permite ter nossas necessidades físicas, desejos e reações.

Você pode pausar agora para responder a essas perguntas. À medida que avançamos, ganhará clareza e respostas para muitas das suas perguntas. Eu o encorajaria a marcar esta página e revisitar suas respostas após ler este guia e ver se algo mudou. Vamos lá! Bem-vindo à sua nova jornada! O primeiro capítulo começará agora. Abra sua mente e vire a página. Aproveite!

Com amor,

Cesar A. G. Hasselmann

CAPÍTULO 1

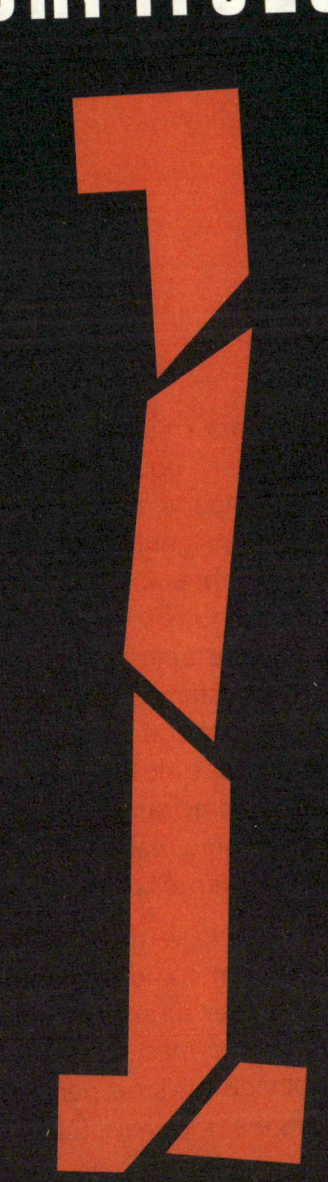

CAPÍTULO 1

COMPREENDENDO A SI MESMO

Para crescer como pessoa e manter equilíbrio saudável entre vida e trabalho, precisamos de um conhecimento aprofundado sobre nós mesmos. Já sabemos algumas coisas. Sabemos o que gostamos, o que nos dá prazer, o que não gostamos e o que nos incomoda. Mas, para funcionar plenamente como seres humanos e alcançarmos nosso máximo potencial, precisamos saber como funcionamos e como reagimos para entender os aspectos internos de nós mesmos.

Neste capítulo, vamos dar uma olhada mais de perto em como entender a si mesmo. Compreender de maneira resumida. Compreender a si mesmo é simplesmente dar uma olhada mais de perto nos processos mentais e emocionais. É sobre saber como você funciona. Muitas vezes, tomamos decisões sem examinar as razões pelas quais fizemos isso. Tirar um tempo para entender a si mesmo e por que certos pensamentos e ações apelam para gerenciar melhor tanto suas interações diárias com as pessoas quanto sua produtividade. Aprender sobre o seu eu interno pode ensiná-lo a formar opiniões objetivas e guiar os outros.

Sem uma compreensão mais profunda do que é certo para você, a resposta natural é basear decisões e ações nos padrões de outras pessoas e nas normas sociais gerais. Tenho certeza de que pode pensar muitas vezes em que fazer o que era esperado não se mostrou a melhor coisa para você.

Enquanto é apropriado estar ciente das expectativas dos outros, isso pode limitar nosso crescimento e potencial. Evitamos criar soluções para nós mesmos, pois tememos o fracasso. Isso pode nos tornar improdutivos, insatisfeitos e excessivamente ansiosos.

Capítulo 1

Se não está fazendo o que é melhor para você e aceitando a si mesmo, é fácil sentir-se frustrado e descontente. Aceitação é uma palavra com um significado rico. Os dicionários definem como "o processo ou fato de ser recebido como válido ou adequado". Aceitação significa perceber que é suficiente. Você pode aceitar a si mesmo como é, com seus pontos fortes e fracos, enquanto se esforça para melhorar. Não há motivo para se culpar por erros passados; apenas aprenda com eles e siga em frente em direção ao equilíbrio.

Equilíbrio não é um conceito tangível; é um estado de espírito em que você se sente completamente em paz com as escolhas que faz. Vamos olhar para os fatores que afetam a maneira como nos comportamos e como podem levar à melhor compreensão de nós mesmos.

Fatores a serem considerados para se entender a si mesmo

> **1. Emoções:** o primeiro passo para entender a si mesmo é aceitar que as emoções negativas fazem parte de quem você é e podem afetar suas decisões. Precisamos aprender e estar cientes dessas emoções para garantir que não as deixemos consumir ou controlar-nos.

A maioria das pessoas acha mais fácil ser pessimista do que otimista. Estamos presos à ideia de que o pessimismo não tem lugar em nenhum processo de pensamento e não faz parte da conquista de um equilíbrio saudável entre vida e trabalho. No entanto, é normal nos

> Estamos presos à ideia de que o pessimismo não tem lugar em nenhum processo de pensamento e não faz parte da conquista de um equilíbrio saudável entre vida e trabalho.

@cesarhasselmann

Capítulo 1

sentirmos deprimidos, exaustos e frustrados às vezes. Está tudo bem não estar bem.

"As emoções são como estar em uma montanha-russa" (Cesar A.G. Hasselmann). Na montanha-russa, você se encontra ansioso, antecipando as curvas e temendo o pior, como cair do carrinho de cabeça para baixo. As emoções levam sua mente em uma jornada em que sente que não tem controle. No entanto, se olhar mais de perto, uma montanha-russa é projetada para se mover e parar em um ritmo pré-programado. Ela opera dentro de certos padrões de segurança e saúde, e tudo o que precisa fazer é se divertir e aproveitar o passeio até que ele acabe.

As emoções, como montanhas-russas, têm limites de tempo. Você não precisa agir enquanto sente uma determinada emoção. Pode passar por toda a jornada e relaxar, sem antecipar o pior.

"Deixar-se levar pelas emoções" significa reagir em vez de agir, o que pode causar danos tanto às relações quanto ao fluxo de trabalho. Para manter sua ética profissional e seus relacionamentos pessoais, você pode aprender como gerenciar suas emoções e acalmá-las.

Tente isto.

Você pode começar com pequenos hábitos físicos, como dar um tempo para si mesmo. Afastar-se por um tempo é muito mais benéfico do que um surto de raiva. Respire fundo e feche os olhos.

Deixe suas emoções correrem até as pontas dos seus dedos. Deixe o ar fresco entrar e sair do seu corpo enquanto respira profundamente para levar embora a emoção intensa.

Compreendendo a si mesmo

Não pense na situação ainda. Apenas deixe a emoção passar por você. Deixe sua mente ficar em branco para convidar a clareza.

Isso leva apenas alguns minutos. Então, abra os olhos e veja o que acabou de acontecer, mantendo a respiração profunda. Você se sentirá mais leve e sua mente estará mais clara do que quando suas emoções estavam intensas.

A maneira como lida com suas emoções desempenha um grande papel em como se administra. Aprenda quando deixar suas emoções de lado e agir com base no pensamento lógico.

Para alcançar um equilíbrio satisfatório entre a vida e o trabalho, aprenderá quando sentir, quando pensar e quando agir. Dominar como gerenciar suas emoções é um passo crucial para entender a si mesmo.

Eu tinha um grande amigo que eu costumava chamar de Tio AK. Era o pai de um amigo da escola com quem eu realmente me conectei. Ele costumava ter estátuas de sapos em seu escritório e nomeava cada sapo para representar uma pessoa próxima a ele. Essas eram as pessoas que ele amava, se importava e precisava interagir diariamente. A parte divertida dessa história era que ele costumava trancar-se em seu escritório e falar com os sapos antes de se encontrar com aquela pessoa. Ele costumava dizer tudo o que queria dizer para aquela pessoa "sapo" antes do próximo encontro. Quando perguntei por que ele fazia isso, ele disse: "Cesinha, isso me permite entender como eles vão se sentir." Então, posso fazer mudanças no meu discurso antes do nosso próximo encontro. Dessa forma, evito conflitos e alcanço o melhor resultado possível.

> O medo serve como um sinal de alerta. Em um semáforo, sabemos que o vermelho significa 'pare' ou 'não', o verde significa 'siga' ou 'sim', e o amarelo é um sinal de advertência.

@cesarhasselmann

Compreendendo a si mesmo

Infelizmente, o Tio AK faleceu em 2021. A humanidade e sua família perderam uma pessoa sólida, cheia de alegria e vida. Mas eles ganharam uma vida de alegria vivendo com ele. Eu te amo, meu amigo. Você sempre terá um lugar especial no meu coração.

2. Medo: está presente em muitas situações diferentes. Existe certo medo associado a todas as decisões que você toma, mas o medo não deve impedi-lo de fazer o que precisa ser feito. O medo é sua ferramenta mágica ou guia para tomar decisões melhores. O medo deve fazer você parar e pensar, não apenas parar completamente.

Se está excessivamente confiante, não presta atenção ao medo e não considera a possibilidade ou as consequências de contratempos. O medo serve como um sinal de alerta. Em um semáforo, sabemos que o vermelho significa "pare" ou "não", o verde significa "siga" ou "sim", e o amarelo é um sinal de advertência. O medo é um indicativo de que, antes de seguir em frente ou parar, você precisa parar e pensar por um minuto.

Não se sinta sobrecarregado pela ideia de medo. Em vez disso, receba-o de braços abertos. Muitas coisas na vida são inéditas e inesperadas, e nenhum grau de previsão pode manter você livre de todos os possíveis contratempos. O fracasso e a decepção são inerentes ao ciclo da vida. Em vez de tentar evitá-los, esteja preparado para lidar com eles adequadamente. Não seja derrotado pela possibilidade de fracasso antes mesmo de começar.

Capítulo 1

3. Amor, cuidado, felicidade e alegria: essas são as bases para entender a si mesmo. Vamos olhar para essas emoções uma por uma.

O amor é um estado emocional e mental forte e positivo. O amor é a base dos vínculos emocionais. Quando você ama alguém ou algo, experimenta uma grande variedade de sentimentos intensos em relação a eles. Quando desenvolve um tipo de amor pelas pessoas e coisas, desenvolve um senso de cuidado por elas.

O cuidado vem depois que desenvolveu amor. Por causa do amor, você dedica mais atenção às coisas e pessoas que ama e se preocupa mais com o bem-estar delas. Se você se importa com seu trabalho, é inspirado a fazer o seu melhor todos os dias. Se você se importa com os membros da sua família, desenvolve relacionamentos mais significativos com ela. Saiba quem você ama e se preocupe para tomar medidas mais sábias em direção aos seus objetivos de longo prazo e criar relacionamentos harmoniosos com as pessoas ao seu redor. Isso o levará à alegria.

A alegria é um estado de ser. A alegria é uma mistura do seu equilíbrio emocional, compreensão da vida e comportamentos. A alegria que você sente quando se importa com as coisas que ama o mantém fundamentado e grato. Quando tem alegria, é mais positivo ao enfrentar o desconhecido e tomar decisões ousadas e fundamentadas, porque sabe que agirá com base nos interesses daquilo e daqueles que você ama e se importa. Mesmo quando suas ações não parecem imediatamente frutíferas, o tempo trará resultados.

Compreendendo a si mesmo

A felicidade é um estado temporário. No entanto, felicidade e alegria caminham juntas. Você precisa de ambas. A felicidade é o seu impulso para buscar desafios diários, enquanto a alegria é uma bússola. Se está feliz, busca coisas que lhe dão alegria. A felicidade alimenta sua busca pela alegria. A alegria é um estado de aceitação, enquanto a felicidade é energia que te impulsiona em direção à alegria. A felicidade é um momento; a alegria é um estado de ser.

Tenha tempo para aprender o que você ama, pois a vida não é uma corrida. A vida é uma busca por significado. Leve todo o tempo que precisar para encontrar seu significado e buscar aquilo que ama. E quando encontrar o amor, é aí que tudo começa. O amor é a motivação-chave, o cuidado é o fogo, a alegria é o carro, e a felicidade são as pequenas vitórias que te mantêm dirigindo.

4. Sentimentos instintivos: o instinto é o nosso sistema de alarme. Ele nos avisa quando algo está errado. Entender a si mesmo ajuda a prestar melhor atenção ao seu instinto. Os sentimentos instintivos são conhecimentos intuitivos. Aprenda a ouvi-los, porque é assim que o seu corpo e alma se comunicam com você. O instinto é quando sente que algo não está certo, mas não consegue descobrir o que ou por que. É como quando você sai de casa e leva um guarda-chuva, mesmo que a previsão do tempo esteja clara. Uma parte parece saber que vai chover mais tarde no dia. A intuição é uma totalidade de experiências passadas e conhecimento expresso em um determinado momento. Se está se esforçando conscientemente para aprender, está aprendendo

Capítulo 1

o tempo todo. Você está adquirindo conhecimento a partir de experiências e atividades. O seu cérebro categoriza essas experiências em uma rede de conhecimento intuitivo. Confiar em sua intuição pode trazer paz e felicidade, motivá-lo e inspirá-lo. Ignorar seus sentimentos instintivos pode deixá-lo inquieto, sem inspiração ou até mesmo doente.

Embora a sua intuição esteja quase sempre certa, leva tempo e prática para se sintonizar com ela. À medida que dedica mais tempo para se entender, será capaz de sintonizar melhor e tomar decisões que promovam seu objetivo de equilíbrio entre vida e trabalho.

Ações corretas para escolhas corretas

Escolhas certas e erradas não existem. O que existe é o que é certo para você em um determinado estágio da vida ou fase de negócios. Entender o que é certo para você muitas vezes é a parte mais difícil da autodescoberta. Muitas vezes ficamos presos na ideia de cumprir prazos. Estamos programados para acreditar que estamos indo bem na vida se alcançamos certas coisas em um tempo específico, como casar ou ser promovido até certa idade. Lembre-se de que a vida não é uma corrida para atingir um objetivo final; a vida é muito mais. É uma jornada que você cria todos os dias. Desvincule-se das normas e estabeleça a própria programação. Sentir a pressão para se conformar não ajuda a alcançar seus objetivos e metas.

Há muitos exemplos ao longo da história de pessoas que levaram até mais tarde na vida para alcançar seus

"Escolhas certas e erradas não existem. O que existe é o que é certo para você em um determinado estágio da vida ou fase de negócios."

@cesarhasselmann

Capítulo 1

objetivos. Harland David Sanders tinha 65 anos quando começou o Kentucky Fried Chicken. Ele havia trabalhado em muitos empregos diferentes antes disso, nenhum dos quais era particularmente bem-sucedido.

Winston Churchill falhou nos exames de admissão na escola militar duas vezes e perdeu todas as eleições públicas que disputou até se tornar primeiro-ministro britânico, aos 62 anos.

Michael Jordan quase desistiu do basquete quando não conseguiu entrar no time principal do ensino médio. Ele se preocupou em ficar velho demais para ser selecionado para a NBA, mas acabou sendo considerado o melhor jogador de basquete da história.

Sente-se e pergunte a si mesmo o que realmente quer e se as coisas que está fazendo vão te fazer genuinamente feliz. Tentando acompanhar os padrões sociais, muitas vezes não somos verdadeiros conosco. É fácil negar alguns dos seus valores fundamentais por um emprego bem remunerado.

Às vezes, fazemos "encaixar" em algum lugar onde não pertencemos realmente para que as pessoas gostem de nós. Isso é ainda mais prevalente on-line. Hoje é comum no on-line e se gabar de tudo que temos ou depender dos outros para validação. A verdade é que as redes sociais permitem que as pessoas mostrem apenas o que querem mostrar, não a totalidade do que são ou fazem. A comparação é o ladrão da alegria. Não use outras pessoas como base para o seu bem-estar e validação.

Dedique tempo para descobrir o que quer e estabeleça metas para você e sua família. Dessa forma, pode criar o melhor plano de ação para si mesmo. Limpe o cami-

Compreendendo a si mesmo

nho antes de seguir em frente. Livre-se do ruído mental, da insegurança e das pressões sociais. Você não precisa seguir um padrão para ser bem-sucedido. Não há prazo ou prazo final para o sucesso.

Se você se depara com situações e não tiver certeza de qual decisão tomar, tire um tempo, faça alguma pesquisa e converse com pessoas; depois, consulte a si mesmo. Não deixe o medo tomar decisões por você. Não permita que seu ego gerencie seus sentimentos e medos.

Ao planejar, mantenha uma mente aberta e adote uma abordagem de duas vias. Planeje o melhor enquanto se prepara para aproveitar o pior. Aceite os contratempos à medida que acontecem. Os contratempos são parte da vida e do processo de aprendizado. Não deixe que os contratempos desequilibrem você; use-os como degraus para a próxima fase.

Escolhas certas e crescimento

Quanto mais rápido aprender a tomar decisões para melhorar sua vida, mais rápido alcançará o equilíbrio almejado. Faça pequenas escolhas que têm um grande impacto em sua rotina diária. Comece com uma pequena tarefa diária, como cumprimentar todos no trabalho logo pela manhã ou passar mais tempo conversando com sua família. Faça uma caminhada curta todos os dias.

Fazer um esforço consciente é a única maneira de manifestar seu crescimento interno em um potencial externo. Ao iniciar essa jornada, cada decisão que você tomar deve ter um objetivo final em mente. Considere o im-

" Ser sua melhor versão é a única coisa que as pessoas precisam de você. Seja em casa ou no trabalho, ser sua melhor versão afeta positivamente as pessoas ao seu redor e perceberá que a vida não é tão estressante como costumava ser. "

@cesarhasselmann

Compreendendo a si mesmo

pacto a longo prazo. Considere como sua decisão afetará você e as pessoas ao seu redor. Suas escolhas devem levar ao seu objetivo de equilíbrio entre vida e trabalho.

Pense no equilíbrio como um quebra-cabeça gigante. Quando crianças, nos são dados quebra-cabeças simples e aprendemos a montá-los. Agora, como adultos, os quebra-cabeças são mais complexos. O equilíbrio é um quebra-cabeça adulto, porque leva tempo e envolve energia para descobrir como as peças se encaixam sabendo qual é a imagem. Sabemos a imagem que estamos tentando formar e sabemos que precisamos equilibrar tudo o que temos na vida. Temos diferentes peças de quebra-cabeça para trabalho, família, assuntos pessoais e objetivos.

O equilíbrio é uma combinação das escolhas que você faz. Concentre-se em seus objetivos a longo prazo, seja consistente em suas ações, tenha uma imagem clara do que precisa fazer e como fazer as coisas. Dedique tempo a si mesmo. Existem muitas maneiras de se conectar consigo mesmo, incluindo meditação, rotinas de saúde, aconselhamento ou comunicação.

Por isso, procure gastar tempo consigo mesmo, fazendo coisas que o mantêm calmo, feliz e energizado. Não se subestime. Tente melhorar a si mesmo mental e fisicamente, e tudo fluirá. À medida que você se entender, estará mais ciente dos sentimentos e necessidades dos outros e mais disponível para eles também. Entendendo o valor das interações humanas, será mais calmo ao lidar com colegas.

Ser sua melhor versão é a única coisa que as pessoas precisam de você. Seja em casa ou no trabalho, ser sua

Capítulo 1

melhor versão afeta positivamente as pessoas ao seu redor e perceberá que a vida não é tão estressante como costumava ser. Se você está na pior, torna seu ambiente desagradável e as pessoas não vão gostar de estar perto.

Como começar a se entender

Agora que discutimos o valor de se entender e como isso ajuda em sua busca para alcançar um equilíbrio entre a vida e o trabalho, vamos ver o que você pode fazer para começar novos hábitos que reforcem a ação consciente de se entender.

1. Escreva: pode pensar que isso é simplista, mas funciona. Mapeie seus pensamentos e veja como seu processo de pensamento funciona, observando o que está acontecendo dentro da sua cabeça em tempo real. Isso ajuda a simplificar sua confusão de pensamentos em realidade coerente. "A qualidade de sua vida depende da qualidade das perguntas que você faz" (o autor).

Pergunte a si mesmo e escreva as respostas aqui.

1. Estou feliz? Por que sim ou por que não?
_____
_____

2. O que eu realmente gosto de fazer?
_____
_____

Compreendendo a si mesmo

3. O que me traz satisfação?
_____
_____

4. Que metas quero alcançar na vida (visão de longo prazo primeiro) ou esta semana (visão de curto prazo em segundo lugar)?
_____
_____

5. O que quero alcançar na vida (visão de longo prazo primeiro) ou neste mês (visão de curto prazo em segundo lugar)?
_____
_____

6. O que quero alcançar este ano?
_____
_____

7. O que quero alcançar para mim mesmo (o que me satisfaz)?
_____
_____

Responder às perguntas ajuda a organizar prioridades. A clareza de pensamento ajuda a tomar decisões melhores. Escrever serve como uma forma de refletir sobre tudo o que acontece ao longo do seu dia. Manter um diário de eventos ajuda a refletir tanto sobre como você lidou com as situações quanto o que pode fazer melhor da próxima vez. As pessoas tendem a perder a linha tênue entre arrependimento e reflexão. O arrependimento é desejar voltar

Capítulo 1

e fazer as coisas de maneira diferente, enquanto a reflexão é pensar sobre o que você poderia ter feito melhor e buscar melhorar a maneira como lida com as coisas no futuro.

Entender a si mesmo

Não tenha medo de se expressar em sua escrita. Pode começar como um hábito estranho, mas continue praticando. Mantenha um diário ou um aplicativo em seu telefone. Habitue-se a escrever algo todos os dias. Isso treina sua mente a colocar os detalhes em primeiro lugar antes de chegar a uma conclusão ou ação geral.

> **2. Meditação e planejamento estratégico:** não vamos nos deter nos mitos em torno da meditação. Meditação não é nada mais do que equilibrar sua mente depois do barulho e estresse que encontra em suas atividades diárias. Não estou tentando diminuir o valor da meditação; amo e preciso da meditação! É um momento que traz clareza para sua vida e ilumina ações e comportamentos. É sobre entender o que você precisa para passar pelo seu dia de trabalho e pelo seu dia pessoal.

Algumas vezes, nos encontramos sobrecarregados com a lista de tarefas que precisamos concluir. Podemos estar divididos em tantas direções e ter tanto a fazer que não conseguimos acompanhar. É aqui que a meditação entra. A meditação é o processo em que sua mente se concentra em organizar as coisas que precisa concluir, enquanto condiciona seu corpo para o estresse que vem

"Sempre que sentir que suas tarefas estão se acumulando, reserve alguns minutos para colocar tudo o que precisa fazer em ordem. Isso lhe dará uma imagem clara das tarefas à frente e o ajudará a enfrentá-las."

@cesarhasselmann

Capítulo 1

com isso. A meditação é sua mente treinando seu corpo para que passe o dia sentindo o mínimo de estresse, independentemente do que aconteça. Dê um tempo para si mesmo para respirar. Tirar essa pequena pausa ajuda a limpar a bagunça em sua mente, mantendo as coisas que você ama em foco.

Às vezes, nos esforçamos demais. Ficamos sobrecarregados e diminuímos nossa produtividade com a ideia de que deveríamos estar fazendo cinco coisas diferentes ao mesmo tempo. Embora possamos sentir que estamos funcionando dessa forma, se olharmos para o nosso progresso geral, estamos fazendo o mínimo em todas essas tarefas. Sempre que sentir que suas tarefas estão se acumulando, reserve alguns minutos para colocar tudo o que precisa fazer em ordem. Isso lhe dará uma imagem clara das tarefas à frente e o ajudará a enfrentá-las.

Outra coisa que você pode fazer é planejamento estratégico. Isso vai de mãos dadas com a escrita e a meditação. Faça o seu planejamento estratégico quando sua mente estiver em um estado claro. Se seu coração não estiver nele, coloque essa tarefa de lado por um tempo. Se está cansado ou se sente sobrecarregado, descanse e volte mais tarde.

Coloque tudo em um esboço, incluindo um plano de jogo e um cronograma de cada tarefa, preencha as lacunas depois. Esteja aberto a mudanças se tem certeza de que essas mudanças ajudarão a alcançar o resultado desejado. O planejamento estratégico permite que seja flexível para que possa se ajustar às coisas que estão fora de seu controle.

Compreendendo a si mesmo

3. Um ciclo pessoal: seu ciclo pessoal é a compreensão dos limites de mente e corpo e como você pode se reiniciar diariamente. Isso o ajuda a permanecer no melhor para sua família e trabalho, mantendo energia e foco. Baseie seu ciclo pessoal em como seu dia se desenrola. Olhe para os períodos em que pode ter uma pausa e até mesmo os momentos da semana em que pode encaixar atividades recreativas como um *hobby* especial.

Seu ciclo pessoal não é uma tarefa. É indispensável. Sua rotina pessoal traz uma sensação de alívio e conquista, assim que a completa. Você obterá resultados a partir de trabalho consistente e determinação. Vamos olhar para o exercício como um exemplo. A maioria das pessoas é facilmente desencorajada a fazer do exercício parte de sua rotina porque isso cansa e não vê melhorias rapidamente.

Todos sabemos que precisamos continuar com o exercício e os resultados aparecerão com o tempo. Criar uma rotina o ajudará a observar seus esforços diários e apreciar melhorias e realizações, não importa quão pequenas sejam. Adotar uma rotina é uma grande conquista. Você está treinando sua mente para seguir planos e horários, aprendendo a lidar com contratempos e outros compromissos. Seja criativo com sua rotina pessoal.

Afinal, trata-se de saber o que você quer e fazer o que o faz feliz todos os dias. Inclua exercícios e outras atividades como esportes, comece pequeno mudando sua dieta ou se conectando com um *hobby* ou amigo perdido. Tudo o que pode lhe dar de volta a sensação de felicidade conta quando trabalha em sua rotina pessoal.

> **Você está treinando sua mente para seguir planos e horários, aprendendo a lidar com contratempos e outros compromissos. Seja criativo com sua rotina pessoal.**

@cesarhasselmann

Compreendendo a si mesmo

Eu tenho um ciclo pessoal

A cada três meses, eu preciso me renovar para manter altos níveis de pensamento e desempenho. Em cada trimestre, temos um mês com cinco semanas. Essa quinta semana é minha. Então, a cada trimestre, tiro entre sete a dez dias de folga. Geralmente vou para o exterior, mas com a COVID-19, viajei dentro de Queensland. Estabeleço metas a cada trimestre e, se as alcanço, tenho mais dinheiro para gastar nas minhas folgas. Esses dias de folga me ajudam a manter a melhor versão de mim mesmo, apoiar minha família e ajudar meus clientes a inovar, a continuar crescendo e a ver todo o mapa claramente.

Eu sigo a Lua mensalmente. Eu lanço novos produtos ou crio algo na Lua nova. Na Lua cheia, não trabalho de jeito nenhum. Eu levo meu barco para o meio do oceano, onde me sinto livre e deixo ir tudo o que não funciona para mim.

Todos os dias, sou grato pelo que tenho. Olho ao meu redor para o que construí, o que tenho, as pessoas em minha vida e os clientes que estou ajudando. Dedique tempo a se entender, melhorar seus pontos fortes, enfrentar seus medos e fortalecer suas fraquezas. Reserve alguns minutos para meditar, escrever coisas que você pretende alcançar e estabelecer prioridades diárias. Concentre-se tanto em sua saúde mental quanto física como parte do seu ciclo pessoal.

Tudo começa e termina com você. Para começar o caminho para entender a si mesmo e criar um equilíbrio entre vida e trabalho, é crucial assumir a responsabilidade e controlar suas ações. Você é seu próprio líder e conquistador. Você não pode dar o que não tem, então

Capítulo 1

comece a trabalhar no que pode oferecer antes de exigir o melhor de si mesmo e dos outros. Não permita que o mundo externo gerencie suas emoções ou manipule suas decisões de vida.

Afaste-se das normas e das interações sociais tóxicas. Você não precisa acompanhar pessoas tóxicas e não merece se sentir mal apenas porque elas estão em uma fase diferente ou interpretam a vida de maneira diversa a sua. Você é uma pessoa única, capaz de coisas grandes e excepcionais. Tire um tempo para si mesmo e se ouça.

Pense em como pode recarregar sua energia semanal ou diária. Para compartilhar alegria, precisa de uma abundância de felicidade que vem de dentro de você e irradia para fora. Dê a si mesmo tempo para encontrar alegria e felicidade para compartilhá-las com os outros.

Fomos programados para pensar nos outros e nos validar pelas reações das outras pessoas. Podemos ficar frustrados quando não estamos no controle das reações e visões dos outros. As únicas ações e reações que você tem controle são as suas. Dê às pessoas o que tem em abundância e sentirá paz dentro de si mesmo.

Pare de buscar validação dos outros. Hoje é um novo dia. Respire fundo. Feche os olhos e pense em si mesmo por um momento. Lembre-se de que começa e termina com você. Tudo o que precisa trabalhar é em si mesmo e isso faz toda a diferença.

O que aprendemos até agora?

Entender a si mesmo não é um processo instantâneo. Concentre-se na motivação e no esforço necessários

Compreendendo a si mesmo

para se aprofundar em si mesmo. Seja paciente e calmo ao trabalhar com seu eu interior. Responder às seguintes perguntas ajudará a guiá-lo na elaboração de sua rotina diária, limpar sua mente e iniciar a jornada de compreensão de si mesmo.

Plano de ação

Aqui estão algumas perguntas sobre você, sua família, amigos, trabalho e negócios.

Desejos pessoais

- O que você gosta de fazer?
  _____
  _____

- Quais atividades aliviam seu estresse?
  _____
  _____

- Quais são seus *hobbies*? (Se você não tem nenhum, pense em algo que sempre quis experimentar.)
  _____
  _____

- O que faz seu corpo feliz?
  _____
  _____

- Do que você mais precisa na vida?
  _____
  _____

Capítulo 1

- Você está satisfeito com tudo o que tem na vida agora?
  _____
  _____

- Se não, o que você gostaria de fazer?
  _____
  _____

- Qual é o seu medo máximo?
  _____
  _____

Nossa família e amigos

- O que pode fazer para deixar sua família mais feliz?
  _____
  _____

- O que pode fazer para se envolver mais nos assuntos da família?
  _____
  _____

- O que sua família espera de você?
  _____
  _____

- O que pode oferecer à sua família sem se esquecer de si mesmo?
  _____
  _____

Compreendendo a si mesmo

- Que tipo de tempo gostaria de dedicar à sua família? (Não o que ela quer. Seja específico sobre o que você quer dar a ela.)
  _____
  _____

- O que gosta de fazer sozinho?
  _____
  _____

- O que gosta de fazer com seus amigos e família?
  _____
  _____

- Você sente que está perdendo atividades em família?
  _____
  _____

- Quando foi a última vez que passou um tempo de qualidade com seus amigos?
  _____
  _____
  _____

Trabalho e negócios

- Qual é o seu plano de longo prazo?
  _____
  _____

- Onde vê o seu negócio nos próximos três anos?
  _____
  _____

Capítulo 1

- Você gosta do seu trabalho ou negócio?
  _____
  _____

- Qual é a melhor parte de administrar seu negócio?
  _____
  _____

- Você está satisfeito com a direção de sua carreira e negócios?
  _____
  _____

CAPÍTULO 2

CAPÍTULO 2

CUIDE DA SUA MENTE E CORPO

Aprender a cuidar de si mesmo é uma das coisas mais difíceis que uma pessoa pode fazer. Muitas vezes, estamos tão ocupados com as pressões que é fácil esquecer o nosso bem-estar, ou colocá-lo em segundo plano quando estamos ocupados pagando contas, mantendo a família e a carreira, ou acompanhando as expectativas sociais.

Nosso corpo merece atenção. Um corpo saudável ajuda você a ficar mais relaxado, focado e com uma atitude positiva. Isso o aproxima um passo mais perto de um ótimo equilíbrio entre vida e trabalho.

Nosso corpo é um recipiente valioso. Quanto mais forte o recipiente, mais pode conter em termos de vida diária. Não podemos esperar atingir metas e desafios se nossa saúde é precária, pois isso afeta também nosso estado mental. Podemos ficar desencorajados e desistir das coisas. Quantas vezes você já ficou ansioso para trabalhar em algo, depois se esgotou no meio do caminho e acabou não alcançando seu objetivo?

Muitas pessoas não priorizam uma alimentação saudável e atividade física regular. Longas férias ou um fim de semana no spa não são suficientes. Enquanto essas atividades são reconfortantes e nos ajudam a relaxar, precisamos de rotinas diárias para manter nossa mente e corpo em equilíbrio. Essas rotinas não precisam tomar muito do seu tempo. Uma refeição simples e saudável e uma curta atividade física podem fazê-lo se sentir melhor todos os dias e criar um efeito cascata.

Quando você começa a se sentir bem consigo mesmo, é mais fácil ter uma perspectiva mais positiva sobre a vida. Sua atitude melhora e seu corpo se torna

Capítulo 2

uma ferramenta para ajudá-lo a alcançar seus objetivos e superar desafios. Neste capítulo, veremos como você pode manter sua mente e corpo em forma para ajudá-lo a ser o melhor possível.

O valor da autoestima

Você já se perguntou como as pessoas te veem? Quando olha no espelho, como se vê? Com muita frequência, vemos apenas defeitos e raramente estamos realmente satisfeitos com o que vemos.

Essa percepção de como nos vemos desempenha um grande papel na realização de nossas tarefas e objetivos. A maneira como nos vemos é central para nossa atitude geral em relação a nós mesmos e nossas capacidades. Se você não está satisfeito com sua aparência, sempre há coisas que pode fazer a respeito. Você é autêntico e capaz de se aprimorar como indivíduo e se tornar a melhor versão de si mesmo.

Não se preocupe com o que os outros pensam que você DEVE parecer. A única coisa que importa é como quer se ver. Como a imagem de sucesso e felicidade se parece para você? Cuidar da nossa autoimagem é uma forma de fomentar a confiança em nós mesmos. Isso gera positividade, e essa positividade é uma ferramenta vital para manter a energia, a motivação e a ambição em direção à conquista de seus objetivos ou na conclusão de suas tarefas.

Por outro lado, embora não seja sábio julgar as pessoas pela aparência, há algumas situações em que causar uma boa primeira impressão é vital. Por exemplo, quando se candidata a empregos, se encontra com clientes

> Não se preocupe com o que os outros pensam que você deve parecer. A única coisa que importa é como quer se ver. Como a imagem de sucesso e felicidade parece para você?

@cesarhasselmann

Capítulo 2

ou vai em primeiros encontros, uma boa primeira impressão inspira confiança e pode prometer uma parceria significativa e bem-sucedida ou qualquer tipo de relacionamento. Podemos trabalhar nisso, se olharmos para nós mesmos honestamente.

Antes de continuarmos, dê uma boa olhada em si mesmo. Você gosta do que vê? Essa imagem reflete entusiasmo e ambição? Essa é a imagem de uma pessoa pronta para buscar sucesso e felicidade? O que realmente quer? Seja verdadeiro e honesto consigo mesmo. Se você se entender e for fiel a si mesmo, isso refletirá em sua felicidade, tanto em sua vida pessoal quanto profissional. Seja quem você é e alinhe seus valores com o que faz e alcançará a própria versão de felicidade e sucesso.

Pense em suas forças. Você é uma pessoa com muito potencial. A única opinião que importa é a sua. Você sabe que pode ser melhor. Você sabe que pode fazer isso. Se tiver esse tipo de atitude, está no caminho certo. Use este modelo como referência para começar a construir uma base sólida e estabelecer uma rotina que funcione.

Tomar responsabilidade por si mesmo

O primeiro passo para tratar o seu corpo corretamente e melhorar sua autoimagem é desenvolver automotivação e autodisciplina. Você não apenas exercitará sua mente e corpo, mas também seu autocontrole. Melhorar a imagem do seu corpo pode ser um trabalho difícil e, se não sabe como assumir o controle de si mesmo, pode desistir facilmente e ficar desapontado. Para trabalhar em direção à melhoria desses aspectos, deve treinar sua mente a

Cuide da sua mente e corpo

pensar positivamente por meio de uma mentalidade de crescimento e autoestima positiva.

A mentalidade de crescimento é estar aberto para aprender e mudar, enquanto é flexível para lidar com as coisas no momento. A autoestima é a base de tudo. Se não está trabalhando em sua autoestima, também não está no lugar certo para ser capaz de se manter sob a mentalidade correta.

O que liga a mentalidade de crescimento e a autoestima é a confiança. Confie em si mesmo, no seu julgamento e nos seus sentimentos para ser capaz de tomar as decisões certas no momento certo. Seja firme e confiante em si mesmo. Desenvolva fé em si mesmo, que pode seguir uma rotina e que tem o que é necessário para alcançar seus objetivos mentais e físicos.

Trabalhar na sua mente e corpo é o primeiro teste de dedicação. E se alcançar seus objetivos para seu corpo físico, se prepara para conquistar cada tarefa, desafio e objetivo que quiser alcançar no futuro. Ao tomar decisões, costumava me perguntar, quem é meu chefe neste momento? Meu cérebro analítico, meu ego ou meus sentimentos? Isso me ajudou a remover emoções e refletir sobre as ações, em vez de apenas reagir a um cenário. Isso me empoderou a tomar decisões que ressoavam com meus valores pessoais e objetivos; se isso fizer as pessoas pensarem mal de mim, devo reconhecer que é possível sim tomar decisões egoístas às vezes.

É importante conhecer suas forças e fraquezas. É por isso que nos concentramos em entender a nós mesmos no primeiro capítulo. Agora, deve ter uma

> Precisamos cuidar de nós mesmos e dar tempo para a nossa saúde e bem-estar. Isso requer atenção, percepção e habilidades em gerenciamento de tempo.

@cesarhasselmann

Cuide da sua mente e corpo

imagem muito mais clara do que funciona e o que o motiva. Saber como assumir o controle de si mesmo significa que não depende mais das opiniões de outras pessoas. Você não leva críticas muito a sério. Você está mais confiante nas próprias decisões e pode justificá-las se quiser, não porque precisa. Você se sente bem porque pode se defender; esse é o primeiro teste de dominar completamente a arte de assumir o controle.

Gerencie seu tempo e aprenda a dizer "não"

O tempo é um elemento essencial em tudo o que faz. Você só tem vinte e quatro horas por dia para se dedicar às coisas que mais importam e depois se preparar para um novo dia. As demandas da vida diária são muitas, mas é por isso que é vital recarregar-se adequadamente a cada dia.

Nós nos recarregamos com comida, descanso e com o que alimentamos nossas mentes. Só podemos conquistar a vida se tivermos uma mente estável e um corpo saudável.

Seguir um cronograma pode ser desafiador. Existem demandas em nosso tempo de tantas direções. Temos múltiplos papéis para desempenhar, como companheiro(a), pai/mãe, filho(a), amigo(a) e funcionário(a) ou empregador(a). Em cada um desses papéis, queremos ser o melhor e dar o nosso melhor. Para isso, precisamos cuidar de nós mesmos e dar tempo para a nossa saúde e bem-estar. Isso requer atenção, percepção e habilidades em gerenciamento de tempo.

Reuniões com clientes podem durar mais do que o usu-

Capítulo 2

al e vários tipos de emergências podem surgir em nosso caminho, e tudo bem. O que importa é que estamos preparados para essas ocorrências. O que normalmente fazemos é deixar o tempo tomar decisões por nós quando deveria ser o contrário. Não devemos ser controlados pelo tempo, mas sim controlar o tempo nós mesmos. Somos nossos próprios gerentes de tempo.

Gerenciar seu tempo pode significar dizer "não". Dizer "não" não é um impedimento quando dito pelos motivos certos. Vamos encarar isso – há situações em que é impossível acomodar tudo e todos em um dia. Dizer "não" não significa que você está sendo rude. Dizer "não" significa que o seu tempo é necessário para outra coisa. Não se sinta mal ao recusar colegas, amigos ou até parentes. Dizer "não" não significa que está sendo egoísta. Significa que tem outros planos agendados. Está tudo bem em dizer "não".

Uma boa dica para gerenciar seu tempo é aprender como comprimir ou agrupar suas tarefas. Para fazer isso, escreva sua rotina diária. Fazer as coisas antes dos prazos ajuda você a realizar o que deseja ou até mesmo mais. Organize suas prioridades e maximize o tempo que permite para suas tarefas e necessidades serem concluídas. Certifique-se de estar dando a si mesmo um prazo realista.

Organize suas prioridades de forma que estejam alinhadas com os objetivos que você deseja alcançar. Comprima ou agrupe as tarefas juntas. Por exemplo, faça todas as suas ligações telefônicas em um período e responda a todos os seus e-mails em outro, independentemente de qual objetivo ou tarefa estejam

Cuide da sua mente e corpo

relacionados. Isso é muito diferente da multitarefa, pois seu cérebro está se concentrando em fazer uma tarefa bem-feita em vez de lidar com várias tarefas diferentes.

O objetivo é concluir uma tarefa de maneira eficiente e eficaz. Depois disso, você pode voltar a fazer várias tarefas. Uma vez que saia do seu local de trabalho, certifique-se de deixar tudo relacionado ao trabalho também, tanto física quanto mentalmente. Não verifique seus e-mails e mensagens uma vez que termine um turno ou saia do trabalho.

Não ajuda se ler sobre um determinado problema que precisa lidar no trabalho e se estressar durante um jantar em família agradável. Acredite ou não, essas tarefas relacionadas ao trabalho podem esperar até o próximo dia. Isso não significa que você não falará com as pessoas que precisa ou enviará informações para pessoas-chave para atingir suas metas e prazos. Mas se isso acontecer com muita frequência e de forma consistente, pode precisar avaliar como gerenciar suas tarefas e fluxo de trabalho para descobrir por que isso está acontecendo e mudá-lo.

Economize sua energia para se relacionar com sua família, estar com amigos ou relaxar sozinho. Respirar e viver para o trabalho não o torna bom no que faz ou feliz com a vida que leva. Tudo se resume à qualidade do esforço que dedica a esse trabalho. Sua carreira, emprego ou negócio não é o que o define. São seus valores pessoais, a maneira como cuida de sua família e sua atitude que o definem. As pessoas buscam o amor, afeto e amizade que pode oferecer, não suas credenciais no trabalho. Seja um bom ser humano, não apenas um bom trabalhador ou proprietário de negócios.

Capítulo 2

Organize seu espaço

A desordem pode ser física e mental. Pode ser física, como um ambiente bagunçado, ou pode ser mental, como estresse ou excesso de pensamentos. O espaço em que você opera afeta seu humor, um espaço desordenado pode levar a uma mente confusa, tornando difícil se concentrar em tarefas importantes. É importante organizar seu espaço físico, para, mentalmente, obter mais clareza e produtividade. Espaços bagunçados podem levar à ansiedade e aumentar os níveis de estresse, o que afeta a produtividade e o humor total.

É como dirigir. Quando você dirige em uma estrada suave, torna a viagem mais rápida, segura e fácil. Se dirige em uma estrada de terra, fica preocupado com o estado do seu carro, a estrada, o clima e o tempo necessário para chegar ao seu destino. É o mesmo princípio com o seu espaço de vida e trabalho. Comece organizando sua mesa no trabalho e fazendo sua cama de manhã. Parece trivial, mas adotar esses pequenos hábitos treina sua mente para manter-se em uma tarefa e, eventualmente, em uma programação.

Os hábitos treinam sua mente a se concentrar e ajudam você a elaborar estratégias. Depois de adotar esses pequenos hábitos, pode avançar para coisas maiores, como manter suas necessidades pessoais, arquivos, reuniões e compromissos, ou manter sua casa organizada e arrumada.

Conforme lida com a tarefa de limpar seu espaço, sua mente encontra maneiras de manter essa limpeza. É o mesmo com a conclusão de outras tarefas de trabalho e pessoais. Todos nós já experimentamos o fardo de

"Colocar esforço em um espaço limpo ajuda você a elaborar estratégias para evitar ficar sobrecarregado com tarefas novamente."

@cesarhasselmann

Capítulo 2

tarefas atrasadas e, ainda assim, acabamos procrastinando. Colocar esforço em um espaço limpo ajuda você a elaborar estratégias para evitar ficar sobrecarregado com tarefas novamente. Sua abordagem para concluir tarefas e alcançar metas é melhor porque está adquirindo um hábito de organização.

Exercício

Contrariamente ao que se pensa, o exercício não o deixa exausto, mas sim energizado. Basta um pouco de exercício para o tornar uma pessoa mais saudável. Ajuda a melhorar a saúde mental, liberando endorfinas que afastam os sentimentos de depressão e ansiedade. Também ajuda a perder e a manter o peso e a sentir-se melhor consigo mesmo.

Comece devagar, não precisa de uma rotina de exercícios abrangente ou de um programa de academia. Encontre uma rotina que funcione para si. Comece por ficar mais tempo em pé no trabalho ou use as escadas em vez do elevador. Ande para o trabalho, estacione o carro mais longe ou saia do ônibus uma parada antes. Uma boa caminhada depois de um longo dia pode ajudá-lo a relaxar e a refrescar a mente.

É uma boa maneira de descarregar tudo do trabalho e ajuda a sentir-se relaxado. Não se sinta desencorajado comparando-se com pessoas que têm rotinas de academia intensas ou extensas. Se a academia for um lugar estressante para você, há outras opções que podem se adequar aos seus interesses. Você pode fazer uma rotina de exercícios de sete minutos diários em seu quarto. Experimente aulas de yoga ou Pilates, comece a andar

Cuide da sua mente e corpo

de bicicleta ou faça natação, pratique esportes com amigos, ou talvez caminhar seja suficiente para você.

O exercício pode ser avassalador no início porque exige comprometimento e, provavelmente, já se sente comprometido o suficiente. O truque é fazer o que você gosta. Começar com pequenas atividades proporciona uma sensação de realização, para que aguarde ansiosamente a próxima vez. O exercício é necessário tanto para o seu cérebro quanto para o seu corpo.

Um corpo saudável leva a uma mente saudável, e ambos ajudam a alcançar o equilíbrio entre a vida e o trabalho. Eu conheci o Dr. Fotuhi, em Singapura, na Conferência Internacional YPO. Ele é apaixonado por como nosso cérebro funciona e pelos pequenos músculos que podemos reativar para continuar desfrutando de um cérebro completamente funcional, não importa a idade. Confira o livro dele pesquisando "Boost Your Brain" e aproveite a leitura.

Você é o que você come

A comida é o combustível do corpo. O corpo é como uma máquina; se você colocar o combustível certo, funcionará corretamente. Se comermos alimentos saudáveis, podemos aumentar nossa capacidade máxima e preparar nossos corpos para todas as situações, desafios, atividades e situações diversas que exigem muito do nosso corpo e mente.

Por isso, a nutrição é vital para manter o bem-estar físico e mental. Todos conhecemos o básico da alimentação e podemos começar com pequenas mudanças na forma de comer. Primeiro, observe o que come diaria-

"Apenas certifique-se de manter um equilíbrio enquanto tem flexibilidade com sua alimentação, pois isso o ajudará a manter e alcançar sua rotina."

@cesarhasselmann

Cuide da sua mente e corpo

mente. Você costuma comer muita comida rápida ou alimentos sem os nutrientes necessários? Verificar se tem uma boa dieta não é ciência de foguete. Você sabe o que é ruim para você e o que é bom.

Comece com pequenas mudanças, como reduzir a ingestão de *junk food*. É fácil estar com pressa durante a pausa para o almoço, então tente planejar com antecedência para ajudar a reduzir o que come ou procure opções mais saudáveis, como trocar pão e massa por saladas verdes.

Outra abordagem é compensar. Isso ocorre quando você come algo que não é muito saudável e compensa comendo algo saudável mais tarde. Por exemplo, se eu comer pizza no almoço, posso optar por legumes, uma refeição sem carboidratos ou algo mais leve no jantar. Pode haver momentos em que coma fora e exagere, e está tudo bem! Tudo com moderação pode ser saudável. Apenas certifique-se de manter um equilíbrio enquanto tem flexibilidade com sua alimentação, pois isso o ajudará a manter e alcançar sua rotina.

Toda vez que fico ocupado e mudo minha rotina, volto a ter comportamentos não saudáveis. Quando começo a perder o exercício, começo a comer alimentos não saudáveis também. É mais fácil manter uma rotina do que deixá-la passar e, depois, ter que recomeçar. Acredite em mim, eu sei. Eventualmente, você pode sentir vontade de comer algo específico.

A comida deve nutrir nosso corpo e nos deixar felizes. Lembre-se de que a moderação é a chave; apenas consuma um pouco do que seu corpo está desejando se for algo que sabe que não é saudável. Pense em substituir vários

Capítulo 2

alimentos por opções melhores. Você pode procurar ajuda profissional para planejar as refeições ou substituir um item não saudável por uma escolha mais saudável, como batatas-doces em vez de batatas brancas.

Não se sobrecarregue

Muitos de nós somos nossos piores inimigos. Comparar-nos com os outros pode ser muito desmotivador. Não se sinta mal quando souber que outros estão comendo bem ou fazendo exercícios intensos na academia e que você não está se alimentando tão bem ou apenas fazendo pequenas rotinas. Não se sinta mal quando alguém estiver falando sobre o quanto é incrível a dieta dele. Coma o que é saudável e o que te faz feliz. É contraproducente basear o que sente e faz na vida dos outros. Na arte autoaperfeiçoamento, você está no comando e no controle.

Saiba o que quer e dê pequenos passos para alcançá-lo. Metas para o corpo e autoimagem são difíceis. Há um ditado: "sem dor, sem ganho". Não tente melhorar seu corpo pelo bem dos outros, faça isso por você. Faça exercícios porque sabe que precisa e melhore sua dieta porque sabe que é bom para você. Estabeleça metas realistas que sabe que pode alcançar e tornar-se uma pessoa melhor no processo. Melhorar a saúde do seu cérebro, autoimagem e corpo físico não acontece da noite para o dia.

Algumas idas à academia, algumas caminhadas casuais e um almoço de salada não vão mudar você; é uma série de ações que faz a diferença. A chave é ser feliz consigo mesmo. Sempre dê crédito. O fato de se levan-

Cuide da sua mente e corpo

tar todos os dias e tentar manter uma rotina, mesmo que falhe ocasionalmente, ainda é algo para se orgulhar. Cerque-se de pessoas que acreditam em você e apreciam o que está fazendo por si mesmo.

Mantenha seu objetivo final em mente – aquela imagem que tem de si mesmo. Quanto mais atenção der ao trabalho em sua rotina, melhor será capaz de seguir com ela e mais perto estará de alcançar seu objetivo. Então, mais uma vez, dê uma boa olhada no espelho e sorria para si mesmo. Você é uma arma. Você tem tanto potencial. Você pode enfrentar o mundo. Você está um passo mais perto. Dê outro passo. Vai ficar melhor daqui para frente.

O que você aprendeu até agora?

Melhorar e manter suas emoções, saúde mental e corpo físico é uma obra de arte. Pode ser esmagador. Para ajudá-lo a começar, reserve um minuto para fazer uma rápida avaliação do seu estado emocional e físico no momento. Em seguida, pense em algumas atividades físicas que gosta e as encaixe em sua agenda diária.

Além disso, planeje um dia específico para fazer uma limpeza de primavera em sua casa, redecorar ou desorganizar seu espaço de trabalho. Se você começou um plano de refeições e rotina de exercícios, lembre-se de que treinar sua mente e corpo pode ser um processo lento.

Consulte um profissional, por exemplo, um *personal trainer*, que o manterá motivado e no caminho certo. Um parceiro de exercícios que o encoraja e o res-

Capítulo 2

ponsabiliza também é uma ótima ideia. Peça ao seu melhor amigo, parceiro ou cônjuge para ajudá-lo com seus novos comportamentos alimentares saudáveis; será bom para ambos.

Existem muitos aplicativos móveis para ajudá-lo a começar seu plano de alimentação saudável ou rotina de exercícios. Não tenha medo de começar pequeno e aceitar esses desafios como um passo positivo. Você está se aprimorando emocional e fisicamente, tornando-se apto e bem equipado para buscar o sucesso e alcançar um ótimo equilíbrio entre vida e trabalho. Isso tornará sua jornada de vida mais significativa e agradável.

PLANO
Limpeza e organização

1. Há quanto tempo você não faz uma boa limpeza e organização em sua casa, quarto, carro ou espaço de trabalho?

_____
_____
_____

2. Classifique as coisas em seu espaço com base na necessidade. Deixe apenas as dez coisas principais que precisa para o trabalho, em casa e em seu espaço e encontre outro lugar para o resto. Livre-se de qualquer coisa que não usa.

_____
_____
_____

" Por uma semana, faça substituições por alimentos saudáveis, por exemplo, coma uma banana em vez de um donut ou muffin, e troque carboidratos (pão, massa, arroz) por folhas verdes espinafre, alface) . "

@cesarhasselmann

Capítulo 2

Saúde

Escreva os alimentos saudáveis típicos ou a dieta específica de que você gosta.

1. O que você geralmente come no café da manhã, almoço e jantar? Você pode comparar o que come em dias saudáveis com os dias corridos.
_____
_____
_____

2. Você frequentemente pula refeições? Se sim, por quê?
_____
_____
_____

3. Com que frequência faz lanches? Quais são seus lanches preferidos?
_____
_____
_____

4. Ao olhar suas opções de alimentos, o que pode mudar para tornar sua ingestão mais saudável? Por uma semana, faça substituições por alimentos saudáveis, por exemplo, coma uma banana em vez de um donut ou muffin, e troque carboidratos (pão, massa, arroz) por folhas verdes (espinafre, alface). Reflita sobre isso e registre suas observações sobre o que funcionou para você.

Cuide da sua mente e corpo

_____
_____
_____

5. Com que frequência se exercita atualmente?
_____
_____
_____

6. Com que frequência planeja se exercitar por semana? Agende seu tempo de exercício em sua agenda. Faça disso uma parte tão integrante de sua rotina quanto ao jantar e ao banho.
_____
_____
_____

7. Se não se exercita, pelo menos faça alongamentos por dez minutos todas as manhãs durante uma semana. Reflita sobre como sua mente e corpo se sentem após uma semana de alongamentos diários e adicione seus comentários.
_____
_____
_____

8. Seja claro com suas necessidades pessoais e desejos para criar rotinas matinais que o mantenham sentindo sua luz e alegria. Rotinas que o fazem se sentir grato e permitem que você prepare sua mente e alma para o dia que está prestes a começar. Melhorar a si mesmo todos os dias é uma maneira de

Capítulo 2

nunca olhar para trás novamente. Dedique cinco minutos para escrever sobre o que proponho a seguir.

_____

_____

_____

NECESSIDADES PESSOAIS

DESEJOS PESSOAIS

Pelo que você é grato?

Mudar comportamentos e rotinas leva, no mínimo, de 12 a 16 semanas de ação consistente e ponderada. Esteja ciente disso para que entenda quando sua mente começa a jogar jogos e tenta sabotar seus esforços, dizendo que outras coisas são mais importantes. NADA é mais importante do que sua saúde.

Isso é o que funciona para mim:

- Escutar meu corpo;
- Prestar atenção às minhas escolhas alimentares;
- Comer comida saudável e limpa (fresca, saudável e não processada);
- Não comer carboidratos depois das 15h;
- Fazer 16 horas de jejum intermitente todos os dias, ou seja, ter apenas uma janela de oito horas de oportunidade para comer (por exemplo, das 10h às 18h) e jejuar pelo resto do tempo no período de 24 horas;

Cuide da sua mente e corpo

- Lidar com os desejos escolhendo primeiro a melhor comida natural disponível;
- Fazer algum exercício todos os dias;
- Se eu exagerar em um dia, compensarei no dia seguinte com menos comida e/ou mais exercício.

Escreva, aqui, o que funciona para você.

CAPÍTULO 3

CAPÍTULO 3

SIMPLIFIQUE SUA VIDA

A vida pode ser complicada, especialmente para pessoas que estão tentando equilibrar a vida doméstica, profissional e pessoal. É um desafio equilibrar tantas necessidades e demandas diferentes. Essa complexidade da vida pode levar à procrastinação e ansiedade e fazer você se sentir sobrecarregado. Não seria ótimo se pudesse simplificar sua vida?

A vida é um pouco como fazer compras no supermercado no sentido de que a organização é a chave para alcançar seus objetivos. Provavelmente, já experimentou a diferença entre fazer compras com uma lista e fazer compras sem uma. Quando faz compras com uma lista, está focado em completar a lista que tem em mãos. Isso o ajuda a definir tarefas e concluí-las mais rápido e dentro do orçamento. No entanto, quando vai às compras sem uma lista, é menos produtivo porque pode comprar coisas que não precisa e esquecer outras. Você sabe que terá que fazer compras em breve.

Simplificar sua vida funciona de maneira semelhante. Organize as tarefas de acordo com suas necessidades e objetivos, sabendo o que está tentando alcançar. Coloque-se no banco do motorista de sua vida. Corte algumas atividades que são uma perda de tempo. Isso ajudará a reduzir sua ansiedade, melhorar seu sono e ganhar tempo extra para si mesmo, família, amigos e trabalho.

Simplificar sua vida e ser organizado também ajuda a reduzir a procrastinação. Com suas prioridades em ordem, você se encontrará simplesmente "fazendo", em vez de se preocupar em fazer. E se você começar a se sentir ansioso, pare e pense de onde vem esse sentimento para que possa lidar com a causa.

Neste capítulo, examinaremos maneiras de simplificar sua vida, para que possa avançar em direção ao equilí-

Capítulo 3

brio entre vida e trabalho e começar a desfrutar dos benefícios da vida. Você terá mais tempo para fazer o que quiser com paz de espírito. E como isso é bom!

Benefícios de simplificar sua vida

A primeira razão é simples. Saber o que e quando fazer lhe dá muito mais tempo para realizar o que é importante. Com tantas distrações no mundo atual, é fácil se perder no tempo e ser levado para longe de suas necessidades reais. Você pode chegar a um ponto em que gasta mais tempo fazendo o que pensa que deveria, em vez do que realmente precisa ser feito.

No dia a dia, sem um plano estratégico, deixa você aberto a distrações. As distrações reduzem sua produtividade e desequilibram a delicada balança entre vida e trabalho. Desimpedir sua vida faz você priorizar o que precisa ser feito. Aprender a determinar suas prioridades é uma das ferramentas mais eficazes que pode empregar para alcançar consistência e foco. Você não precisa de mais do que 30 minutos por dia para deixar claro e certo. Também concluirá suas necessidades reais primeiro, permitindo que escolha o que quiser fazer com as outras tarefas e obrigações. Não é incrível? Eu acho que é.

Em segundo lugar, simplificar melhora a sua qualidade de vida. Pode parecer contraintuitivo reduzir o que você faz, possui ou pensa, mas a realidade é que menos "coisas" significam menos estresse. Simplificar a sua vida significa que está melhor equipado para viver o momento presente e produzir melhores resultados em menos tempo. Você terá mais tempo para comer adequadamente, descansar o suficiente e passar mais tem-

"Aprender a determinar suas prioridades é uma das ferramentas mais eficazes que pode empregar para alcançar consistência e foco."

@cesarhasselmann

Capítulo 3

po com sua família e amigos, enquanto persegue outras paixões que lhe trazem alegria.

O efeito geral é que se sente mais relaxado, menos estressado e mais no controle, ao mesmo tempo que leva menos tempo para alcançar mais. Isso é o que a frase "trabalhe de maneira mais inteligente, não mais difícil" significa. A priorização e o gerenciamento do tempo impedem que tente dividir sua energia em dez coisas diferentes ao mesmo tempo.

Outros benefícios significativos são as consideráveis melhorias na saúde que vêm de ter menos estresse e mais tempo para cuidar de sua saúde física, espiritual e mental. Isso levará a menos fadiga, redução do risco de doenças cardíacas, diminuição da pressão arterial e redução do risco de diabetes, bem como outras melhorias a partir do seu foco em uma alimentação saudável e exercício físico.

Como simplificar sua vida

1. Defina suas prioridades

Estabeleça um calendário pessoal e um período de tempo para si mesmo. Decida onde se vê nos próximos 24 meses e divida em trimestres. Crie uma visão e um conjunto de objetivos finais que tem em seus relacionamentos pessoais, no trabalho e nos negócios.

Depois de ter uma visão para si mesmo e ter criado uma lista de realizações que pretende alcançar, pode planejar as ações e etapas que o ajudarão a alcançar esses objetivos. As decisões são mais facilmente tomadas quando entende quem você é, onde está e o que quer. Isso

Simplifique sua vida

traz clareza e suas decisões serão baseadas em alcançar seus objetivos em vez de fazer o que é mais fácil agora.

Quando começa a planejar e alcançar pequenos objetivos, isso prepara sua mentalidade enquanto se prepara para alcançar seus objetivos maiores e de longo prazo. Eu sou um pai solteiro e amo minha vida, meu trabalho, mas o mais importante, amo minha família.

Na semana em que fico com meu filho, aviso meus clientes de que só trabalho das 9h às 14h. Durante as semanas em que não fico com meu filho, fico feliz em trabalhar o dia inteiro e atender o telefone após o expediente ou em meus fins de semana de solteiro, quando for conveniente para mim. A boa notícia é que, quando tenho meu filho e meus clientes me ligam, apenas lembro-os de que é a semana do meu filho e eles entendem.

Alguns dos meus clientes até me perguntam antes de começar a falar se é a semana do meu filho. Isso é ouro! Deixe-me compartilhar uma história pessoal. Há algum tempo, recebi uma ligação de um cliente da indústria de engenharia sobre cinco milhões de dólares em pagamentos que seu cliente estava evitando pagar.

Durante nossa conversa, jantei, tomei banho e até escovei os dentes antes de finalizar a ligação por volta da meia-noite. Estávamos nos divertindo, criando estratégias e soluções e organizando muito trabalho para seus advogados e equipe administrativa. Isso é ótimo! Estamos fazendo parte dessa jornada juntos.

Eu me senti realizado, ele teve uma noite de sono melhor, sua esposa e filhos tiveram um pai melhor em casa e conseguimos o dinheiro no final, embora depois de muitas mais ligações e reuniões presenciais com seus advogados e equipe administrativa.

„ Comece por olhar quanto tempo você gasta em suas rotinas. Se acha que há partes desnecessárias ou excessivas, reduza seu tempo lá e use o tempo extra para completar tarefas mais importantes. "

@cesarhasselmann

Simplifique sua vida

Avalie o seu tempo

Entender a si mesmo realmente compensa quando se trata de gerenciar seu tempo. Em qual horário do dia você é mais produtivo e ativo? Programou uma rotina matinal que funciona para você?

Eu começo meu dia às 4h30. Minha rotina matinal envolve enviar os e-mails e respostas para todos que eu preciso antes das 8h. Assim, fico pronto para o meu dia. Não há necessidade de apressar nada, pois reservei tempo para controlar quaisquer riscos potenciais de interrupção no fluxo do meu dia seguindo tudo o que é necessário.

Os horários que estabelece para si mesmo nem sempre são imutáveis. As tarefas podem variar em intensidade e podem ser imprevisíveis. É aconselhável manter um equilíbrio entre cumprir os horários de reuniões e ser flexível ao acomodar tarefas adicionais que possa encontrar durante o dia.

Comece por olhar quanto tempo você gasta em suas rotinas. Se acha que há partes desnecessárias ou excessivas, reduza seu tempo lá e use o tempo extra para completar tarefas mais importantes.

Acompanhe o seu tempo, seja consistente

Acompanhar o seu tempo e ser consistente é simples. Você pode começar usando um planejador organizando suas tarefas a cumprir. Divida seu dia em segmentos para permitir que todas as áreas da sua vida sejam tratadas dando valor ao seu tempo, enquanto alcança um equilíbrio entre vida e trabalho.

Agendas são uma forma essencial de aproveitar ao máximo o seu tempo. Estabelecer um prazo para suas tarefas

Capítulo 3

também ajuda a maximizar sua produtividade e afiar o seu foco. Pode parecer uma tarefa pequena, mas ter o tempo dos seus objetivos visível, como em seu telefone, calendário ou agenda, ajuda você a alcançá-los. Esses primeiros três pontos trabalham juntos para ajudá-lo a criar a base para o seu equilíbrio entre a vida e o trabalho.

Antes de criar minhas regras de agendamento, minha vida era insana. Gerenciar um negócio com 120 funcionários em quatro locais diferentes me deixava trabalhando como uma máquina. As pessoas me ligavam e me enviavam e-mails pedindo ajuda, suporte ou uma solução para seus problemas a qualquer hora do dia. Abrir e-mails que eu suspeitava estarem cheios de problemas no final do dia era horrível. Sentado à mesa com minha família, não estava presente, pois estava muito preocupado pensando em soluções ou, pior ainda, problemas sem solução.

Além disso, com base em meu ciclo corporal, tenho mais energia e sou muito mais feliz de manhã. Portanto, fiz mudanças. Agora, deixo os e-mails após às 16h40 que sei que precisarão de trabalho extra e lido com eles logo de manhã, quando estou fresco e tenho mais energia. Os resultados são incríveis. Eu posso lidar com problemas com confiança e minhas decisões são sempre para os melhores resultados possíveis para todos. Aqui está meu processo de priorização e ao agendar.

Diariamente

- Eu acordo quase todos os dias às 4h30 da manhã. Eu lido com meus e-mails antes da minha sessão de ginástica, às 5h30. De volta para casa, começo o dia corretamente, tendo em mente que já organizei meu dia. Eu passo um tempo com meu filho, levo meu cachorro para o parque, bebo meu suco verde e tomo banho antes de qualquer outra obrigação.

- No final de cada dia, verifico as tarefas e objetivos da semana e reprogramo, se necessário, antes de finalizar o dia. A partir das 17h, não respondo a nenhum e-mail ou ligação. Eles podem esperar até minha rotina pela manhã. Eu faço isso porque não quero perder o sono preocupado com coisas que não posso resolver até o horário comercial do próximo dia.

Em alguns casos, respondo a meus clientes depois do expediente ou nos finais de semana em que não tenho meu filho comigo, mas apenas porque amo nossa jornada juntos, de forma que a ligação é mais prazer do que trabalho. Eu não cobro por hora; trabalho com base em resultados e desempenho. Não acredito que seja justo cobrar por hora algo que não tenha gerado os resultados necessários para meus clientes antes de atingirmos nossos objetivos e metas juntos. Eu amo meus clientes e amo o que faço, e o impacto positivo que isso tem em suas famílias e todos os seus funcionários é pagamento suficiente para mim.

Semanalmente

- Aos domingos, verifico e confirmo minhas tarefas e necessidades agendadas no meu computador ou telefone, passo para o meu Google Calendar e adiciono alertas. Também adiciono os

Capítulo 3

  e-mails da minha assistente executiva para garantir que ela saiba como me gerenciar quando estiver fora durante a semana.

- Adiciono meus objetivos e desejos para aquela semana e os programo com as tarefas no meu Google Calendar. Também adiciono mais informações e alertas, se necessário.

Mensalmente

- Tento fazer quaisquer pagamentos devidos naquele mês no último dia do mês anterior.

Trimestralmente

- Gosto de imprimir meu calendário trimestral antecipadamente para incentivar o planejamento futuro e planejar com antecedência. Verificar os horários e agendas de todas as minhas reuniões e viagens para o trimestre e adiciono o que preciso de cada pessoa da minha equipe, fornecedores e clientes para que isso aconteça.

Depois disso, envio um e-mail para todos que precisam ser avisados com antecedência. Notifico-os do que farei, do que preciso e quando preciso para garantir que possa confirmar as datas em que entregarei todas as minhas promessas à minha equipe e aos clientes. Também adiciono o que gostaria de fazer comigo e com meu filho, incluindo fins de semana e feriados (por exemplo, eventos, shows, jantar, praia, barco, surfe).

" Adiciono meus objetivos e desejos para aquela semana e os programo com as tarefas no meu Google Calendar. "

@cesarhasselmann

Capítulo 3

- Eu envio e-mails para todos confirmando minhas reuniões trimestrais e reuniões de viagem. Depois que todas são confirmadas, reservo passagens e hotéis para o trimestre com antecedência.

Anualmente

- A cada novembro, começo a planejar o calendário do próximo ano.
- Na primeira semana de dezembro, envio convites por e-mail para reuniões do primeiro trimestre do próximo ano. Também faço um acompanhamento de todas as minhas necessidades pessoais e desejos prontos para sincronizar com o retorno ao trabalho no novo ano.

Isso ajuda a me adiantar com as minhas promessas honradas para todos, inclusive para mim mesmo. Eu planejo minha vida para que seja muito mais fácil lidar com quaisquer mudanças ou problemas que possam surgir.

4. Evite a negatividade

A dúvida é uma emoção astuta, especialmente quando não é justificada. Isso não significa que você deva correr riscos sem pensar; ao contrário, é um estímulo para examinar objetivamente uma oportunidade e entender se sua relutância é baseada em experiência, intuição ou medo.

Na busca pelo equilíbrio, há pouco espaço para emoções negativas como medo, dúvida, ódio, impaciência e irracionalidade. Limpe profundamente seu espaço mental e

Simplifique sua vida

pratique ativamente o cultivo de uma atitude positiva em relação a tudo o que você faz. Ninguém gosta de ser antagonista ou pessimista em uma situação. Sua casa, trabalho e vida serão negativamente afetados se sempre vir o lado negativo das coisas em vez de abraçar os desafios à medida que surgem. Reclamar constantemente gera infelicidade e descontentamento. Use situações menos ideais como catalisadores para mudança em vez disso.

Uma atitude positiva é um passo muito importante para encontrar o equilíbrio. Tire um tempo para desfrutar dos pequenos prazeres da vida. Faça caminhadas no parque, aprecie sua comida, dirija devagar, tire um tempo com seus entes queridos e traga um pouco de cor de volta à sua vida. A rotina pode ser a maior assassina da motivação se não for empregada corretamente.

Crie uma rotina flexível ou um conjunto de atividades que possa diversificar. Tenha uma mentalidade aberta e flexível para que possa descobrir o que funciona melhor para você. Em vez de se comparar com outras pessoas, pense nas suas vantagens e nas coisas positivas que tem na vida. Se você se concentrar em suas habilidades e conquistas, a vida se tornará mais doce. Descobrirá que a felicidade e a alegria vêm de você e não de ninguém ou de qualquer outra coisa que possa ver ou comprar no mundo externo.

Em casa, pense em sistemas fáceis de seguir para tarefas cotidianas para que pareçam menos onerosas. Se é casado ou mora com um parceiro, as chances são de que estarão gratos pela ajuda. Quanto mais feliz forem as pessoas ao seu redor, mais feliz será sua vida. Nossos relacionamentos com as pessoas são simbióticos por natureza. Há uma necessidade de dar e receber.

> Os desafios não estão lá para frustrá-lo, mas sim para ajudá-lo a ver como pode se destacar e descobrir quais aspectos de sua ética de trabalho e caráter precisam de mais melhorias.

@cesarhasselmann

Simplifique sua vida

Se der positividade, receberá positividade das pessoas ao seu redor. Isso produz uma mudança positiva e funcional em seu ambiente. Da mesma forma, uma visão negativa influencia seu ambiente. Se tiver membros da família, amigos, colegas de trabalho ou funcionários insatisfeitos, poderá se sentir insatisfeito também. Lembre-se do ditado: "cerque-se de pessoas que reflitam quem quer ser e como quer se sentir".

Você só pode dar o que tem em abundância. Equilibre ajudar os outros e cuidar de si mesmo para que não acabe se sentindo exausto. Dê o que tem em abundância sem expectativa de retorno.

Outro passo para expulsar pensamentos negativos é estar presente, mas não apenas fisicamente presente. Faço referência a estar mentalmente engajado em tudo o que você faz. Tempo de qualidade é melhor do que tempo em quantidade.

Aproveite cada momento que tiver. Pense no futuro para que possa antecipar possibilidades e estar preparado para o que pode vir. No seu local de trabalho ou nos seus negócios, pense nos novos desafios que surgem no caminho como oportunidades de aprendizado. Os desafios não estão lá para frustrá-lo, mas sim para ajudá-lo a ver como pode se destacar e descobrir quais aspectos de sua ética de trabalho e caráter precisam de mais melhorias.

Escute as necessidades da sua equipe e das pessoas ao seu redor. Tenha conversas informais regulares para que possa conhecê-las e entendê-las melhor. Aprenda o que as motiva, suas preferências e desgostos e, acima de tudo, aprenda características, pontos fortes e habilidades. Dessa forma, pode ajudá-las a maximizar o potencial e alcançar melhores resultados. Esteja sempre presente.

Capítulo 3

Quando tem visão de túnel, pode perder detalhes que também podem ajudá-lo a alcançar seus objetivos.

Prestar atenção é a chave para o sucesso. Ser consciente, entender quem você é, para onde quer ir e o que deseja manterá sua visão em foco.

5. Simplifique

A vida tem ciclos. Primeira casa, casa dos sonhos, família, filhos, viagens, redução para uma casa pequena e aposentadoria. Por que não manter as coisas simples desde o início? Uma abordagem minimalista funciona como uma chave para alcançar o equilíbrio.

Lentamente, elimine tarefas desnecessárias e não perca tempo com preocupações sem sentido. Como mencionado anteriormente, a organização não é apenas boa para a sua saúde física e benéfica para o seu espaço de trabalho, mas também ótima para a sua saúde mental. A organização é uma das formas mais importantes de simplificar sua vida. Você não pode buscar a simplicidade quando está atolado com posses e ideias que não precisa.

Ao organizar, reserve um tempo para colocar as coisas por finalidade. Olhe para as coisas que são necessárias e indispensáveis para você. É melhor vender ou doar algo que não usa para alguém que o usará do que mantê-lo sem motivo. Não se sinta mal com isso; todos nós tendemos a acumular coisas que não precisamos realmente. Essas coisas podem ser vendidas, recicladas ou doadas.

A maneira mais rápida de fazer isso é começar com coisas grandes que ocupam muito espaço ou envolvem muitas emoções. Concentre-se em coisas como presen-

Simplifique sua vida

tes indesejados, lembranças de relacionamentos passados, móveis e eletrodomésticos e, depois, vá diminuindo. Percorra os cômodos da casa e remova itens que servem pouco ou não tem propósito. Encontre objetos decorativos que não funcionam mais com o ambiente. Experimente mudar as coisas para dar uma nova aparência e perspectiva ao seu quarto.

Descubra a mecânica de cada cômodo em termos de tráfego e fluxo de trabalho e garanta que esteja desobstruído. Descubra lugares estratégicos para colocar seus móveis e eletrodomésticos para simplificar as tarefas realizadas naquele cômodo. Isso também se aplica ao seu escritório e local de negócios.

Agora, vamos olhar para o seu guarda-roupa. Reduza suas roupas, doe o que não usa e, ao comprar roupas novas, invista apenas em algumas peças de qualidade que reflitam seu estilo pessoal e complementam sua imagem física.

Em seguida, limpe sua esfera social. Cerque-se de pessoas que desejam realizar as mesmas coisas que você ou já as realizaram. Cultive amizades com pessoas que possam contribuir para a realização de seus objetivos e capacitá-lo a ir além em seu desempenho.

Além disso, incentive sua família a se envolver com as coisas que você está interessado. E conheça melhor sua família aprendendo sobre e apreciando o que os interessa. É importante ter algo para aguardar além do seu trabalho ou crescimento do seu negócio.

Não estou pedindo que esqueça seus velhos amigos e familiares que não têm interesse no que quer ou gosta de fazer. Estou pedindo que seja consciente e entenda seu tempo com eles e aproveite os momentos.

Capítulo 3

6. Tire uma pausa

Dar um passo para trás ajudará você a estar melhor preparado para seguir em frente. Isso lhe dá a chance de olhar as coisas com uma nova perspectiva. Enquanto tira uma pausa, tente fazer algo produtivo. Não se deixe levar pelo vórtex da televisão. Estudos mostraram que as pessoas passam pelo menos trinta horas assistindo à TV por semana e cerca de duas vezes isso nas mídias sociais.

Isso equivale ao tempo que poderia estar gastando em um trabalho em tempo integral. Pense nisso. Desconecte-se e reduza o tempo que passa assistindo à TV e nas redes sociais, coloque tempo e energia em algo mais revigorante e produtivo, como caminhar no parque com sua família ou ter conversas enriquecedoras com amigos.

Troque pontos de vista sobre autodesenvolvimento e melhoria. Estudar perspectivas variadas pode ajudá-lo a manter sua vida em movimento enquanto se encaminha para seu futuro resultado. Crie espaço em sua vida e preencha-o com atividades que classificou de acordo com suas prioridades. Você perceberá que tem muito mais tempo para realizar coisas e encontrará muito mais espaço para encaixar todas as conquistas pessoais, profissionais e marcos domésticos. Um ditado que ouvi enquanto estava na Austrália é: "pessoas ocupadas resolvem as coisas", e eu gosto disso!

7. Aprenda a planejar com antecedência

As coisas funcionam muito melhores quando você sabe quais são seus objetivos e seu curso de ação para alcançá-los. Comece TODOS os dias com um plano ou estratégia. Se tiver reuniões, prepare-se pelo menos um dia

"Crie espaço em sua vida e preencha-o com atividades que classificou de acordo com suas prioridades."

@cesarhasselmann

Capítulo 3

antes. Certifique-se de ter feito sua lição de casa e praticado seus pontos principais antes de apresentar seu relatório. Fale com as pessoas em casa sobre sua tarefa e talvez elas possam fornecer algumas ideias.

Dividir seu dia com antecedência é uma boa maneira de garantir que alcance todas as suas metas e objetivos desejados. Leva tempo para praticar e desenvolver a disciplina de criar um plano e seguir com ele. Estabeleça prazos realistas para realizar as coisas para que saiba onde e no que se concentrar. Isso também permitirá que se mantenha livre de distrações.

Por exemplo, defina um horário para verificar seus e-mails e contas de redes sociais e certifique-se de verificar apenas nesse determinado horário e por um período limitado a cada dia. Os aplicativos móveis permitem definir limites diários de tempo. Use isso para ajudá-lo a reduzir e ser responsável pelo uso. Transforme o hábito de dedicar tempo às suas tarefas agendadas.

Crie um plano financeiro para sua vida pessoal, doméstica e profissional ou empresarial. Aqui é onde o pragmatismo entra em jogo. Seja o mais razoável possível ao prever seu futuro. Faça planos de contingência em caso de emergências. Embora possamos fazer tudo ao nosso alcance para evitar contratempos, emergências e ocorrências imprevistas, precisamos nos preparar para esses eventos inesperados.

Tenha seguro para proteger você, seu negócio, sua família e suas posses. Tenha uma imagem dos Planos A a G de sua jornada para estar preparado para todas as contingências. Altere esses planos conforme necessário para continuar em direção aos seus objetivos de longo prazo.

Simplifique sua vida

Compartilhe seus planos financeiros com sua família e parceiros significativos, seja em seus negócios ou em casa. Envolva-os no processo das entradas e saídas de suas finanças. Seja honesto. Seja transparente com qualquer dívida. Não ignore a dívida até que ela se acumule e o afogue. Procure ajuda financeira para ver quais opções você tem.

Qualquer que seja a situação, mantenha o controle de suas reações. Não reaja emocional ou irracionalmente, pois isso só afastará as pessoas que podem ajudar, o que pode ser prejudicial aos seus relacionamentos e tomada de decisão.

O que aprendemos até agora?

Quanto mais simples sua vida for, mais fácil será manter o equilíbrio. A vida é imprevisível, mas somos poderosos o suficiente para lidar com as coisas que podemos controlar e estar preparados para aquelas que não podemos.

Observe que, por controle, quero dizer que você tem controle de suas ações e reações, não das ações, reações ou circunstâncias de outras pessoas. Equilíbrio não é a ausência de problemas na vida; é a capacidade de lidar com problemas sem perder de vista prioridades e valores, enquanto aprende com a experiência.

Discutimos várias maneiras de simplificar sua vida até o básico. Da desorganização ao planejamento, esses são hábitos que levam tempo para serem implementados, se tornarem parte da sua rotina e exigem esforço para serem adotados no início.

Por favor, não espere acertar tudo de primeira. A mudança sustentável é um processo gradual, não acontece da noite para o dia. Ao tentar fazer grandes melhorias

> Tenha fé em si mesmo e em suas habilidades. Não tente fazer ou mudar tudo de uma vez, sempre dê crédito a si mesmo no final do dia pelas coisas que você realizou.

@cesarhasselmann

Simplifique sua vida

em sua vida, o maior desafio é a sua capacidade de fazer mudanças e aderir a elas. Comece pequeno e estabeleça metas realistas para si mesmo.

Tenha fé em si mesmo e em suas habilidades. Não tente fazer ou mudar tudo de uma vez, sempre dê crédito a si mesmo no final do dia pelas coisas que você realizou. Orgulhe-se de tomar a decisão de fazer mudanças dentro de si. Adote essa mentalidade positiva e o processo ganhará impulso e velocidade.

Desapego

Se parar e pensar nas coisas que possui, mas que não escolheu usar nos últimos anos, isso significa que teve a oportunidade de usá-las, mas escolheu não o fazer. O que listaria em cada área? Você pode listar dez?

- Garagem
- Guarda-roupa
- Banheiro
- Cozinha
- Armazenamento
- Escritório em casa
- Escritório de negócios
- Lavanderia
- Área de estar

Aposto que você pode encontrar pelo menos três itens em cada um desses cômodos que pode passar sem. Controle o que pode e esteja bem com o que não pode.

Capítulo 3

Liste três coisas que você deseja controlar abaixo de cada tópico e verifique se realmente pode controlá-las ou se precisa trabalhar mais em sua aceitação para ter melhor equilíbrio de vida.

Qual é o desejo do seu parceiro? Quais são suas preferências, desgostos e expectativas? Liste três coisas que você sabe que não pode controlar:

1._____

2._____

3._____

O que sua família, amigos e colegas querem fazer? Quais são preferências, desgostos e expectativas que não pode controlar? Liste, no mínimo, três coisas:

Família:

1._____

2._____

3._____

Amigos:

1._____

2._____

3._____

Simplifique sua vida

Colegas:

1._____

2._____

3._____

A grande mudança na vida

Posses: liste três coisas que você acredita que não pode comprar novamente ou substituir. Como reagiria se as perdesse?

1._____

2._____

3._____

Você consegue ver o que é útil ou valioso em sua vida? Pode proteger as coisas que valoriza e remover aquelas que não valoriza?

Agora, pode ver um caminho claro do que fazer caso algo aconteça. Pode pensar em adicionar seguro ou parar de usar algumas coisas ou doá-las para alguém. Você pode fazer o que quiser; lembre-se de que não pode controlar o que acontecerá. No entanto, sabendo o que fazer caso algo aconteça, você pode.

Pessoa "Sim" versus pessoa "Não"

Menos pessoas podem gostar de lidar com uma pessoa "Não", mas elas são melhores em gerenciamento de tem-

Capítulo 3

po do que a maioria das pessoas "Sim". Uma pessoa "Sim" muito boa pode ser excelente em gerenciamento de tempo para outras pessoas, mas não consegue acompanhar o próprio tempo privado, pois está usando-o para atender às necessidades dos outros. Para as pessoas "Sim", eu digo: "Não se sinta egoísta se disser 'não' a alguém. É melhor agradar a si mesmo do que aos outros às vezes. Gerencie seu tempo e suas necessidades adequadamente primeiro para poder ajudar os outros".

CAPÍTULO 4

CAPÍTULO 4

FAÇA O QUE VOCÊ AMA

Fazendo o que você ama

Fazer o que você ama traz um equilíbrio incrível entre vida e trabalho. Na verdade, você está vivendo enquanto está trabalhando. A paixão é importante. Quando é apaixonado pelo que faz, isso alimenta sua motivação para alcançar objetivos aspiracionais. Algumas pessoas ganham dinheiro com sua paixão; outras usam seu conhecimento para ganhar dinheiro e financiar o que amam.

É comum ouvir que paixão e lucro são duas coisas separadas e é bastante raro que uma pessoa tenha ambas. A verdade é que sempre pode obter lucro com algo que ama. É apenas uma questão de ser estratégico e estar disposto a correr riscos. Estudos mostram que os seres humanos são mais felizes quando enfrentam desafios em áreas que amam. É bastante simples. Quando ama algo, sempre tenta entregar o melhor.

Eu adoro este artigo sobre um estudo realizado pela Universidade de Harvard por quase 80 anos, intitulado "Bons genes são legais, mas alegria é melhor" (sinta-se livre para pesquisar no seu tempo). É sobre o que relacionamentos de longo prazo, sucesso e saúde têm em comum. O sucesso e a saúde estão correlacionados quando se tem equilíbrio entre vida e trabalho.

Para alcançar bom equilíbrio entre vida e trabalho, você precisa encontrar algo que ama fazer, ou se apaixonar pelo seu emprego, carreira ou negócio. Se necessário, use seu trabalho/negócio para financiar o que ama fazer. Dessa forma, seu trabalho não é algo que precisa fazer apenas para conseguir ser pago.

O trabalho terá um novo significado e se esforçará para fazer melhorias e abrir mais caminhos e oportunidades

Capítulo 4

para desfrutar da sua jornada de vida. Apaixonar-se pelo que faz ajuda a impulsioná-lo a alcançar mais objetivos e se tornar mais bem-sucedido. Ter essa atitude positiva também ajuda a receber desafios de braços abertos. Embora o dinheiro sempre seja uma motivação, seu interesse e foco podem desaparecer se não sentir paixão. Se o dinheiro for sua única motivação, pode se tornar entediado e acomodado.

É aqui que as pessoas geralmente se encontram presas. Elas encontram um emprego, buscam conveniência e acabam ficando no emprego, carreira ou setor, mesmo que não estejam mais felizes lá.

Clarisse Levitan, agente líder de suporte ao cliente da Staff Squared, escreveu um artigo sobre como 85% das pessoas não estão felizes em seus empregos. Ela diz que apenas 15% estão engajadas com o trabalho.

Aprendemos a trabalhar e ganhar dinheiro por medo de fracassar na vida. Agora é hora de mudar esse conceito porque você pode. Especialmente, na era atual. A tecnologia e o conhecimento estão em toda parte, aproveite-os.

Trabalhar ou passar tempo fazendo o que ama traz certo senso de realização. Isso torna suas tarefas e rotina diária mais significativas em vez de serem tarefas a serem cumpridas no dia. Você vai esperar ansiosamente pelo seu dia em vez de temê-lo. Pode ser motivado a aprender mais e buscar melhorias em vez de ficar ofendido com críticas. De certa forma, isso torna a vida diária muito mais simples.

Em 2019, visitei meu projeto social de dez anos em Lombok, Indonésia, quatro vezes e passei quase 90% do meu tempo trabalhando para fazer o projeto fun-

"Trabalhar ou passar tempo fazendo o que ama traz certo senso de realização. Isso torna suas tarefas e rotina diária mais significativas em vez de tarefas a serem cumpridas no dia."

@cesarhasselmann

Capítulo 4

cionar bem durante o ano, simplesmente porque amava isso. Usei tempo livre do meu negócio para seguir minha paixão, em vez de ter um "feriado". Os resultados em 2019 foram fantásticos – 15 toneladas de plásticos retirados do oceano. Limpezas entusiasmadas, combinadas com programas educacionais, resultaram em uma comunidade local melhor educada e dedicada a fazer a diferença.

Fazer o que se ama faz as coisas fluírem com mais facilidade, pois não terá dificuldades e se sentirá tão liberado que uma programação de trabalho saudável será fácil. A paixão pelo que faz o motiva a passar mais tempo fazendo o que ama e a se tornar proficiente ou até mesmo especialista nisso.

Estudos realizados por economistas da Universidade de Warwick mostraram que a felicidade ou a satisfação no trabalho levaram a um aumento de 12% na produtividade. Segundo os pesquisadores, a felicidade humana leva a efeitos positivos e significativos na produtividade. Emoções positivas parecem vigorar os seres humanos.

Uma atitude positiva em relação à vida e ao trabalho é a chave final para alcançar um equilíbrio saudável entre vida e trabalho. Isso só pode ser alcançado trabalhando em áreas pelas quais você é apaixonado ou usando seu trabalho para apoiá-lo em indulgir sua paixão.

A mensagem é clara: fazer o que você ama e o que o faz feliz aumenta a proatividade e a produtividade.

Estar perto das pessoas que você ama

Outra chave vital para um equilíbrio entre vida e trabalho é escolher o tipo certo de pessoas para se cer-

Faça o que você ama

car. É importante fazer amizade com pessoas que o levantem, em vez daquelas que tentam derrubá-lo.

Evite pessoas que tentam ditar sua vida. Escolha pessoas que o empoderem e lhe deem respeito e apoio recíprocos.

Às vezes, pensamos que podemos mudar as pessoas, ou permitimos que façam o que quiserem porque achamos que é assim que funcionam os relacionamentos pessoais e as interações. Pensamos que estar perto de pessoas sem apoio não é grande coisa e que, não importa qual seja a atitude delas, mantemos em nossas vidas. Tendemos a sacrificar nossos sonhos e aspirações por outros.

Quando nos valorizamos, tentamos determinar as pessoas que ficarão conosco e não contra nós. Isso é fácil de dizer, é claro. No entanto, estar mais ciente da qualidade das pessoas com as quais você lida e passa tempo ajuda a decidir com quem construir um relacionamento. Há uma linha tênue entre ser amigável com as pessoas e criar relacionamentos duradouros e significativos.

É verdade que nenhum homem é uma ilha. Se você quer ter sucesso na vida, no trabalho ou nos negócios, é imperativo escolher cuidadosamente as pessoas com as quais se associa. Mantenha-se afastado de pessoas e amigos que o desencorajam quando fala sobre coisas que o apaixonam.

Mantenha seu círculo social com as pessoas certas. Construir relacionamentos com as pessoas certas significa que você tem o apoio necessário para perseguir seus objetivos e aspirações. Dizem que nosso futuro é influenciado principalmente pelas cinco pessoas com quem passamos mais tempo. Como é o seu futuro?

> É apenas pelo amor que podemos nos esforçar para encontrar significado e valor nas coisas e encontrar sucesso no que fazemos.

@cesarhasselmann

Faça o que você ama

Seguir o que você ama

Se pode fazer o que ama em seu trabalho ou negócio, isso é incrível. Se não pode, entendo, pois já estive lá antes. Eu dirigi um negócio bem-sucedido com 120 funcionários, mas estava infeliz porque estava cercado por pessoas que apenas tiravam de mim e não davam nada em troca. Ter que decidir se deve ficar em um emprego lucrativo que não gosta ou sair para perseguir sua paixão é sempre um dilema difícil.

É normal sentir-se dividido entre conveniência e paixão, sobrevivência e realização. À medida que a vida avança, perdemos de vista as coisas que amamos ou as superamos. Então, acabamos fazendo coisas apenas pela sobrevivência e não pela realização. Inicialmente, arrumamos empregos para pagar as contas, pensando que a vida não se trata de nada além de pagar as contas, manter a vida à tona e fazer a mesma rotina até morrer.

No entanto, para alcançar um equilíbrio entre vida e trabalho e ter uma vida mais significativa e realizadora, precisamos nos reunir com as coisas que costumávamos amar ou encontrar amor nas coisas que fazemos. É apenas pelo amor que podemos nos esforçar para encontrar significado e valor nas coisas e encontrar sucesso no que fazemos.

Eu fiz isso. Escolhi mudar de país em busca de uma maneira de recuperar minha vida. Meu negócio estava desmoronando, meu filho tinha seis meses e eu estava trabalhando mais de 70 horas por semana. Cada dia era um desafio mental e físico. Tive que matar meu ego, parar de lutar, manter tudo junto e deixar ir. Tive que cortar minhas perdas, aceitar a jornada, ser grato pelo aprendizado e seguir em frente.

Capítulo 4

Agora, aqui estou eu. Fazendo o que amo em um lugar que escolhi para viver com as pessoas que quero ter por perto. Vivendo do jeito que quero, onde sou aceito pelo que sou. O que mais posso pedir na vida?

Enquanto você se esforça para se conectar com seus pensamentos interiores e se entender, pense em sua paixão e no que ama com uma abordagem realista. Embora seja gratificante fazer algo que ama, algumas das coisas que ama ou é apaixonado podem não ser consideradas lucrativas. Sim, você ainda precisa pagar as contas, portanto, se envolver em um *hobby* favorito pode ser a melhor maneira de reacender sua paixão.

Agora, vamos mergulhar fundo em como pode se destacar fazendo o que ama. Pense profundamente. Lembre-se das coisas que costumavam te animar e inspirar. Sente-se e pense em seus interesses e no que faz seu coração bater mais rápido.

Faça a sua lista e respeite o processo.

1. _____
2. _____
3. _____
4. _____
5. _____
6. _____
7. _____
8. _____
9. _____
10. _____

Faça o que você ama

1. Mapeie as indústrias ou áreas pelas quais é apaixonado.

2. Interesses pessoais podem ser monetizados. Faça uma lista de onde estão suas paixões.

O próximo passo é reduzir a lista. Classifique em ordem as coisas em que você é melhor. Em seguida, numere sua lista com base na indústria, carreira, linha de *hobbies* ou negócios que pode seguir com esse interesse ou paixão.

Pesquise: procure informações que ajudem você a iniciar seu novo *hobby* ou uma carreira ou negócio baseado em sua paixão ou interesse. A pesquisa economiza tempo em decisões importantes, como quando desistir e começar de novo.

A pesquisa ajudará você a reduzir ainda mais sua lista e decidir sobre *hobbies* ou que carreira, indústria ou linha de negócios deseja seguir. Nesta era da informação, é fácil. Também não custa buscar consultoria ou conselhos de pessoas em quem confia, pois podem oferecer experiência e conhecimento valiosos em primeira mão.

Há muito a considerar ao fazer mudanças em sua vida. Leva tempo e pesquisa para analisar todas as ramificações, pois podem ser financeiras, geográficas e relacionais, além de afetar sua família, *hobbies* atuais, carreira ou negócio.

Quando decidi me mudar para a Austrália, me concentrei nos principais pontos a seguir:

Capítulo 4

Clima: encontre uma cidade que tenha a mesma distância equatorial ou mais próxima da minha casa no Rio de Janeiro;

Demografia: lacuna social menor do que meu país. Não a maior cidade, mas uma cidade que estava crescendo rapidamente naquela época;

Surf: não precisa ser costeiro, mas deve estar a uma distância máxima de uma hora de carro. Eu costumava dirigir por duas horas e meia cada caminho para trabalhar todos os dias, para poder viver perto da praia de surf no meu país. Portanto, dirigir uma hora para surfar certamente era possível;

Oportunidades de negócios: mercado competitivo/qualificação/grau/oportunidades;

Economia do país: não exposto economicamente a comércios e trocas internacionais;

Pessoas/cultura: amigáveis, com foco em um ambiente familiar.

Foi assim que encontrei o lugar pelo qual me apaixonei, que me permitiu ser eu mesmo e me aceitar como sou.

3. Seja realista

Depois de fazer uma pesquisa extensa e se conformar com o que você mais quer fazer, o próximo passo é ser realista. Algumas pessoas acreditam que fazer o que amam significa que as coisas virão facilmente. Pensam que tudo virá naturalmente, sem nenhum problema. Se pensou assim, pense novamente.

> Algumas pessoas acreditam que fazer o que amam significa que as coisas virão facilmente. Pensam que tudo virá naturalmente, sem nenhum problema.

@cesarhasselmann

Capítulo 4

Ao contrário da opinião popular, perseguir o que você ama exige mais trabalho do que qualquer outra tarefa comum. Fazer o que ama não significa que está isento de enfrentar desafios.

Fazer o que ama lhe dá energia e a paciência para enfrentar desafios diários e tarefas exaustivas. Você encontrará prazer e realização e aprenderá rapidamente. Você tem uma vantagem se construir uma carreira com base no que ama ou é apaixonado. Você abraçará os desafios em vez de ter medo. Você os reconhecerá como oportunidades. É o mesmo que cuidar do seu recém-nascido; isso o torna exausto e às vezes mal-humorado, mas não o perderia por nada no mundo.

O primeiro passo é sempre o mais difícil. É normal ficar nervoso e ansioso ao dar o primeiro passo para seguir o que ama. Conte com a ideia de que seguir o que você ama é sempre a coisa certa a fazer. Embora possa haver contratempos, nunca pode estar errado. Amor, crença, determinação, compreensão, paixão e convicção estão todos ligados a fazer o que se ama.

A chave mais forte para um equilíbrio saudável entre vida e trabalho é fazer o que o faz feliz, seja no trabalho ou em outras áreas da vida. Se você está em um emprego comum das nove às cinco e, não está feliz e não pode pagar por seus *hobbies*, pense em seguir sua paixão. Pense em dar aquele salto gigante para seguir as coisas que você gosta. Verifique se pode substituir sua fonte de renda atual fazendo algo alinhado com sua paixão. Seguir seu sonho é uma grande coisa, ou se puder, faça os dois até poder abandonar aquele que não ama.

No entanto, esteja ciente e consciente das consequências. A última coisa que você quer é viver uma vida de arrependimento. Sim, pode ser extremamente arriscado, mas a longo prazo, é para a satisfação e paz de espírito sua e de sua família. "A mágica só acontece na vida quando você começa a se sentir confortável em estar desconfortável!" (o autor)

Aspectos de si mesmo

Ao iniciar sua jornada em direção a alcançar equilíbrio entre vida e trabalho, vamos analisar os aspectos de si mesmo que estão em jogo. Novamente, não precisa necessariamente abandonar seu negócio e trabalho para perseguir seus sonhos. Use suas habilidades de:

1. Compreensão

Compreensão é um processo psicológico em que alguém pode lidar adequadamente com um determinado assunto ou conceito, como uma pessoa, situação ou mensagem. Compreensão consiste em compreensão, consciência simpática e discernimento.

Compreensão é a capacidade de tomar informações e analisá-las a partir de todos os ângulos possíveis. Por exemplo, conhecer suas habilidades e ter a habilidade de saber quando aplicá-las.

Consciência simpática é saber suas reações a certas situações e ter consciência dos sentimentos das outras pessoas. É a capacidade de saber como se ajustar em torno de pessoas e situações.

Discernimento é a habilidade de projetar resultados e consequências das ações que você está considerando tomar.

"As ações falam por si mesmas. Suas ações determinam o tipo de pessoa que você é em diferentes situações. Saber como se comporta e como reage às coisas é vital para fazer planos e buscar grandes mudanças na vida."

@cesarhasselmann

Faça o que você ama

Esses fatores são vitais para ajudá-lo a escolher seus *hobbies*, uma carreira ou uma linha de negócios para seguir. A compreensão é a abordagem holística para perseguir o que você ama. A compreensão consiste em ter conhecimento e previsão sobre seus planos e como reage a várias situações. Ter uma compreensão adequada de situações e problemas ajuda você a alcançar um equilíbrio entre vida e trabalho bem-sucedido.

Entender a si mesmo é essencial. Saiba o que o faz feliz e o que perturba seu equilíbrio entre vida e trabalho. Sem primeiro analisar e entender a si mesmo, você não saberá o que o faz verdadeiramente feliz.

Pare e escreva o que você ama fazer em 30 segundos. Se não conseguir fazer isso em 30 segundos, precisa deixar seu ego de lado, abrir sua mente e entender melhor a si mesmo antes de seguir em frente.

Exercício: 30 segundos de pensamentos.

_____

_____

_____

2. Ações = comportamento humano

O comportamento é a resposta dos seres humanos a estímulos internos e externos. Refere-se a todas as ações físicas e emoções experimentadas e percebidas pelos indivíduos. É o ato de fazer algo ou agir em um evento, situação ou ideia.

As ações falam por si mesmas. Suas ações determinam o tipo de pessoa que você é em diferentes situações.

Capítulo 4

Saber como se comporta e como reage às coisas é vital para fazer planos e buscar grandes mudanças na vida. Conhecer o melhor curso de ação em situações ajuda a obter resultados.

Entender seus valores ajuda a escolher as melhores ações. Saber seus valores afeta como você pensa. Como pensa afeta como você age.

3. Reações

Reação é uma ação feita em resposta a algo. É algo feito, sentido ou pensado em resposta a uma determinada situação ou evento. Também é um processo químico e fisiológico em que sua endocrinologia natural está em jogo.

As pessoas julgam sua personalidade com base em suas reações. Suas reações determinam como as pessoas lidam com você e se querem estar perto de você. As reações variam de acordo com os gatilhos, mas o verdadeiro desafio é como gerenciar suas reações. É muito melhor ter paciência, pensar e, depois, agir do que reagir a uma situação sem pensar.

Agir em vez de reagir é a chave. Quando você percebe o impacto de suas reações e usa isso para ajudá-lo a agir em vez de reagir, terá relacionamentos muito melhores com as pessoas e um ambiente melhor em casa e no trabalho.

4. Sentimentos

Sentimentos são um estado emocional ou reação. Eles também podem ser uma ideia ou crença. Estar ciente de seus sentimentos é fundamental para determinar as coisas que você ama. Os sentimentos orientam as ideias que criamos e alimentam nossas reações a várias coisas. Os sentimentos podem ser tanto instigadores quanto produtos de nossas reações.

Ao determinar o que você ama, depende de seus sentimentos. Seus sentimentos em relação a uma determinada ideia são sua base central. A maneira como se entende e as situações, suas ações e reações, tudo pode ser rastreado até a maneira como você se sente. Seus sentimentos determinam como funciona como ser humano, então aprofunde seus sentimentos e determine como se sente em relação às coisas que afetam sua vida. Somente então pode alcançar clareza e mapear o que fazer enquanto busca o equilíbrio entre vida e trabalho.

Sentimentos causados pelas reações de outras pessoas não devem fazer você se sentir mal. Às vezes, precisa entender o momento e permitir que a situação se resolva e aceitar isso. O tempo dirá.

Consistência

Consistência é a habilidade de manter o mesmo padrão e entregar a mesma qualidade em tudo que você faz. Ser consistente é crucial e desempenha papel muito importante em buscar o que ama.

A consistência é uma habilidade desafiadora de dominar porque envolve dedicação. Para alcançar consistência, você precisa ter uma compreensão completa de si mesmo, de como reage e de como trabalha sob pressão. Você também precisa acreditar no que quer e no que faz.

Saber seus verdadeiros sentimentos e ter uma compreensão mais profunda de como você age e reage são as chaves vitais para alcançar consistência.

Capítulo 4

Consistência é o mecanismo fundamental, enquanto entendimento, sentimentos, ações e reações são as engrenagens que precisa para fazer o mecanismo se mover. Se tem um entendimento profundo de suas ações e reações, então alcançará consistência em sua performance e em sua personalidade, quer esteja lidando com família, trabalho, negócios ou assuntos pessoais. Com essa consistência, as pessoas também têm uma percepção mais sólida, o que aumenta sua reputação.

O que você aprendeu até agora?

Encontrar amor nas coisas que faz ou buscar as coisas que ama fazer são uma combinação de seus sentimentos e sua compreensão do seu comportamento, ações e reações. Buscar ou fazer o que ama é uma das coisas mais difíceis que pode considerar fazer. Isso porque geralmente apresenta riscos que muitas pessoas não estão dispostas a assumir. Poucas pessoas podem se dar ao luxo de pular no abismo ou entrar no túnel sem saber o que vem pela frente.

Esquecendo os aspectos negativos de uma pandemia, gostaria de analisá-la apenas do lado positivo neste estágio. A COVID-19 fez com que muitas pessoas passassem a trabalhar das 8h às 17h em algo mais alinhado com seus objetivos, paixões e metas. Essa é uma mudança enorme e progressiva na sociedade e economia atuais.

Embora a maioria tenha se mudado por medo de perder o emprego ou já o tenha perdido, o resultado final é o que importa. Mais pessoas estão fazendo o que acreditam e seguindo suas paixões. Ao buscar o que você

"Ao buscar o que você ama, prepare-se não apenas para os riscos, mas também para qualquer situação que possa surgir. Nem tudo vai acontecer a nosso favor."

@cesarhasselmann

Capítulo 4

ama, prepare-se não apenas para os riscos, mas também para qualquer situação que possa surgir. Nem tudo vai acontecer a nosso favor.

Muitas vezes, as coisas seguem na direção oposta do que estamos esperando. Este é o momento de confiar em seu eu interior e em sua adaptabilidade para levá-lo adiante. Você pode não saber o que está por vir, mas está preparado porque descobriu como funciona.

Eu aprendi que, quando as coisas não estão indo a meu favor, é porque há uma lição que preciso aprender para alcançar o que quero. Às vezes, você precisa mudar de tática para alcançar o melhor resultado que deseja. "Não fico frustrado com obstáculos. Aprendo com eles. Fico feliz em enfrentar uma situação para que eu possa aprender com ela e seguir em frente rapidamente" (o autor).

Embora muitas pessoas achem um clichê seguir sua paixão, é preciso muita coragem para realmente fazê-lo. Você só pode alcançar isso depois de dedicar tempo para descobrir como funciona e alcançar consistência. Quando você cria e aperfeiçoa seu mecanismo de trabalho, está mais perto de dar o passo grande e desafiador de fazer o que ama. Encontrar amor e seguir sua paixão é um caminho difícil, mas sempre será uma jornada gratificante.

A única pergunta é: você está pronto?

Se sua resposta for SIM, responda às seguintes perguntas.

1. Você sabe como os outros o veem?

_____

_____

Faça o que você ama

2. O que acha que as pessoas que são estranhas veem quando olham para você?
_____
_____

3. Quais qualidades acha que as pessoas estranhas veem em você?
_____
_____
_____

Pergunte a pessoas em quem confia e que são verdadeiras e honestas com você, desde membros da família até contatos de negócios e bons amigos.

1. Em que áreas você precisa melhorar?
_____
_____

2. Em que você é bom?
_____
_____
_____

3. Do que você tem medo?
_____
_____

4. Onde você é destemido?
_____
_____

5. No que você é excelente?
_____
_____

Capítulo 4

Compare as respostas de pessoas e obtenha seu relatório de verificação de realidade para aprender e seguir em frente para uma versão melhor de si mesmo.

Plano para fazer o que você ama.

- Liste as cinco áreas em que você está altamente interessado (*hobbies* ou negócios / trabalho):

1. _____
2. _____
3. _____
4. _____
5. _____

Classifique esses cinco de acordo com seu nível de expertise:

_____ _____ _____ _____ _____

- Liste possíveis indústrias ou posições que cubram os interesses anteriores.

1. _____
2. _____
3. _____
4. _____
5. _____

Faça o que você ama

Você está atualmente trabalhando, tem *hobbies* ou está conduzindo negócios em alguma das áreas que listou? Se não, em qual das áreas você está mais interessado?

_____

_____

Você está disposto a fazer a transição para sua indústria preferida a partir da sua atual?

_____

_____

Se sim, estabeleça um cronograma ou um plano de jogo sobre como fazer a transição para a referida indústria.

_____

_____

Se você está feliz com sua linha de trabalho ou indústria atual, liste algumas de suas preocupações para que possa abordá-las.

_____

_____

Se você está feliz com sua linha de trabalho ou indústria atual, escreva cinco motivos pelos quais gosta ou ama. Compreender o que tem lhe dará gratidão e realização.

_____

_____

Como diz o velho ditado: "se você fizer o que ama, nunca trabalhará um dia em sua vida".

CAPÍTULO 5

CAPÍTULO 5

QUEBRANDO O CICLO DO "TRABALHISMO"

O que é um workaholic?

Quanto mais a vida exige de você, mais se empurra para os extremos apenas para sobreviver sem saber quando e como parar. À medida que o tempo e a vida avançam rapidamente, tendemos a nos manter ansiosos e preocupados em ganhar a vida. Uma nova cultura se enraizou na forma como realizamos nossos trabalhos e vivemos nossas vidas. Essa cultura é o trabalho compulsivo.

Ser um *workaholic* é uma ilusão em que nos envolvemos. Quando passamos mais horas no trabalho, dizemos que estamos indo bem em nossos empregos sem considerar outros fatores, como qualidade do trabalho e produtividade. Corremos por aí e fazemos horas extras para nos convencer de que estamos fazendo as coisas acontecerem. Isso gera ansiedade sobre se fizemos o suficiente para o dia e nos distrai de assuntos importantes, como tempo de qualidade com a família e amigos.

Embora muitas pessoas tenham carreiras exigentes, o trabalho compulsivo ocorre quando uma pessoa não sabe quando parar, mesmo quando o trabalho termina para o dia. Trabalhar demais não apenas afeta seus relacionamentos com seus entes queridos, mas também o coloca sob estresse físico e mental evitável. É um equívoco comum que, quanto mais você ama seu trabalho, mais tempo deve dedicar a ele.

Um *workaholic* é uma pessoa que trabalha de forma compulsiva. Embora o termo geralmente implique que a pessoa goste do seu trabalho, também pode indicar que é compelida a fazê-lo. Muitos fatores estão em jogo na mente de um *workaholic* e precisam de um esquema

Capítulo 5

estruturado de equilíbrio entre vida e trabalho para ajudá-los a recuperar suas vidas.

Algumas pessoas usam o trabalho como técnica de evitação para se distraírem de sua infelicidade. Elas se desconectaram e o trabalho é o único lugar onde sentem pertencimento.

Muitos viciados em trabalho não gostam realmente de seus empregos, mas sentem que a única coisa que podem fazer é continuar trabalhando. Eles não trabalham pelo prazer e podem sentir certo senso de culpa quando não estão trabalhando.

Você tem vida fora do trabalho?

Uma característica comum entre os viciados em trabalho é que, embora se saiam bem, não têm uma vida satisfatória ou funcional fora dele. Sua vida profissional pode ser altamente funcional, mas sua vida fora do trabalho é carente em muitas áreas e seus relacionamentos não são tão satisfatórios quanto poderiam ser. Se conhece alguém assim, ou se este é você, é hora de começar a pensar em termos de EQUILÍBRIO ENTRE VIDA E TRABALHO.

Alguns viciados em trabalho podem afirmar que têm uma boa vida pessoal, mas isso acontece porque sua vida familiar é mantida por outra pessoa que pode estar perdendo a própria vida para se dedicar ao viciado em trabalho. Apoiar um membro da família viciado em trabalho envolve sacrifício, compreensão e esforço para acomodar sua agenda agitada e lidar com características típicas de viciados em trabalho, como pouca atenção para qualquer coisa que não seja o trabalho, estresse e outros maus hábitos.

> Apoiar um membro da família viciado em trabalho envolve sacrifício, compreensão e esforço para acomodar sua agenda agitada e lidar com características típicas de viciados em trabalho.

@cesarhasselmann

Capítulo 5

Acomodar um viciado em trabalho pode custar o equilíbrio, a felicidade e a alegria de uma pessoa. Há ações que podem ser feitas para apoiar alguém por um período, mas o apoio deve ser recíproco. Ambas as partes devem se beneficiar do apoio mútuo para alcançar a felicidade. Em todo relacionamento, deve haver uma reciprocidade de apoio. A reciprocidade abre as portas para o cultivo de uma compreensão e apreciação mais profunda um do outro, o que leva a relacionamentos mais significativos.

Um viciado em trabalho precisa de tempo para dar uma pausa e olhar para as pessoas ao seu redor. Precisa dar um passo para trás do trabalho e verificar as pessoas com quem vive e perceber como seus horários e hábitos de trabalho afetam essas pessoas. Sentir-se respeitado e fazer parte de algo é trabalho para duas pessoas. Todos precisamos de alguém para nos ajudar a superar nossas dificuldades.

Se você sacrificar tudo pelo trabalho e achar que tem um ótimo ambiente pessoal em casa e com sua família, talvez precise olhar novamente. Dedique tempo para apreciar as coisas que seus entes queridos estão fazendo ou deixando de fazer para acomodá-lo. Dedique tempo para apreciar seu parceiro que coloca de lado os próprios desejos para apoiá-lo.

Observe os esforços que eles fazem para permitir que você se concentre apenas no trabalho. Retribua a admiração, o respeito e o amor que merecem. É fácil se tornar egoísta e não romântico quando se é viciado em trabalho por tanto tempo. Dê um passo para trás e dedique tempo para apreciar seus entes queridos.

A vida é curta. Não a desperdice investindo seu tempo nas pessoas erradas. O sucesso e ganhar dinheiro

Quebrando o ciclo do "trabalhismo"

são importantes, mas não precisa sacrificar todo o seu ser por eles. Uma vida plena se trata de criar equilíbrio em todas as áreas da sua vida. Concentrar toda a sua energia no trabalho não cria esse equilíbrio. Sua vida inteira não depende da quantidade de trabalho que você faz. Se está investindo muito esforço no trabalho, é garantido que está perdendo outras áreas da vida.

Às vezes, precisamos passar mais tempo no trabalho do que o ideal, mas reconhecer isso e, em seguida, voltar ao equilíbrio entre vida e trabalho manterá você na direção que deseja.

Quebrando o hábito

Pesquisas sugerem que a *workaholism* está relacionada a sentimentos de culpa, raiva, ansiedade e decepção no trabalho e/ou em casa. No entanto, o engajamento no trabalho é um aspecto completamente diferente que reflete atenção, autoconfiança e realização tanto em casa quanto no trabalho. O *workaholism* é mais uma ferramenta divisiva para as pessoas se distraírem de lidar com outros aspectos de suas vidas, como ansiedade, sobrevivência e vida em geral, bem como falta de envolvimento real no trabalho.

O engajamento no trabalho trata de estar mais ciente de seus esforços e potencial enquanto se dirige para uma vida mais realizada. Quebrar o *workaholism* ou as tendências *workaholic* é um elemento-chave para iniciar seu novo equilíbrio entre vida e trabalho.

Se você se encontra em um ciclo viciante no trabalho, é hora de abandonar o hábito. É importante entender que o excesso de trabalho é contraproducente. Assim que

> O primeiro passo para se libertar do vício do trabalho é ser organizado. Delegue e planeje as tarefas da sua semana tanto em casa quanto no trabalho.

@cesarhasselmann

Quebrando o ciclo do "trabalhismo"

você começar a notar os sinais, faça tudo o que puder para sair disso. Seja organizado. Tente planejar toda a sua semana. Corte ou delegue atividades de que não gosta ou não pode se comprometer. Tente ser mais aberto com seus colegas, superiores e membros da família.

Abrir-se para seus entes queridos é uma ótima maneira de começar, pois podem ajudá-lo a reavaliar seu comportamento e sugerir as mudanças que precisa adotar enquanto equilibra seu estilo de vida.

Recusar-se a passar mais tempo no trabalho não o torna incompetente ou um mau trabalhador. Pelo contrário, conhecer suas forças e fraquezas permitirá que desenvolva as áreas em que sabe que é bom, concentrando seu conjunto de habilidades e identificando as áreas que precisam de melhorias.

Aprenda a arte de dizer "não". Delegar parte da sua carga de trabalho para seus colegas ou contratar um assistente não é indicação de fraqueza ou falta de responsabilidade. Isso o ajudará a entender melhor sua descrição de trabalho e a se reavaliar para obter melhores resultados. Tirar um tempo livre dá a você espaço para reavaliar seu trabalho e estrategizar. Isso o ajuda a identificar problemas em seu trabalho ou negócio e permite que os aborde.

O primeiro passo para se libertar do vício do trabalho é ser organizado. Delegue e planeje as tarefas da sua semana tanto em casa quanto no trabalho. Embora muitas coisas exigem sua atenção, você não pode ser tudo para todos nem pode completar todas as principais tarefas em um dia. Temos apenas vinte e quatro horas por dia para equilibrar nossa vida profissional e pessoal. Portanto, precisamos organizar nossas ta-

Capítulo 5

refas para acomodar todos os aspectos de nossa vida diária. Seguir suas prioridades permite que leve uma vida menos estressante e se sinta mais satisfeito.

O tempo para a família, amigos e trabalho é importante, mas o tempo para você é essencial para manter sua vida interna equilibrada e adicionar valor aos outros. Faça uma coisa de cada vez e lembre-se de que nem todas as tarefas precisam ser concluídas no mesmo dia. Divida suas tarefas e divida as datas de conclusão.

Não deixe o trabalho em um projeto para os últimos dias antes do prazo. Planeje as tarefas que precisa completar para o projeto e espalhe-as ao longo da semana ou semanas antes da data de entrega. Tente completar suas tarefas diárias delegadas e reserve tempo para avaliações e revisões do seu trabalho.

Distribuir suas tarefas domésticas ao longo da semana também ajuda a gerenciar seu tempo e a fazer mais espaço para relaxar e descansar nos fins de semana. Se isso não for suficiente, verifique o artigo do Dr. Brian Robinson, intitulado "As Cicatrizes Invisíveis que os Filhos Adultos de Viciados em Trabalho Trazem Para Suas Carreiras". Sinta-se à vontade para pesquisar isso no seu tempo.

Rituais matinais criam hábitos

Todas as manhãs, faço minha meditação e reflito sobre o dia anterior. Foco em criar a melhor versão de mim mesmo todos os dias. Também estabeleço minhas intenções para o dia antes de fazer qualquer outra coisa.

Algumas pessoas associam rituais a comportamentos negativos. Mas todos nós temos nossos rituais. Você tem um ritual para se vestir ou tomar banho, não é mesmo?

Quebrando o ciclo do "trabalhismo"

Um ritual é uma série de ações que uma pessoa se apega e, eventualmente, se desenvolve em um hábito. Rituais ou hábitos consistentes são fundamentais para alcançar uma vida feliz. É um padrão repetido para que seu cérebro, automaticamente, saiba o que você precisa fazer. Estabelecer rituais saudáveis permite que sua mente o empurre naturalmente a fazer coisas que são boas para você e para as pessoas ao seu redor.

O primeiro passo é sempre o mais difícil. Quando você começa a adotar um ritual, como se apega a uma tarefa específica até que ela se torne um ritual? A resposta é simples. Pense em um ritual como algo indispensável. Considere-o tão importante que, se você não completou essa tarefa, seu dia começará mal. Comece fazendo essa tarefa importante todos os dias até que ela se torne um hábito ou ritual.

Dwayne Douglas Johnson - The Rock, Sylvester Stallone – Rocky Balboa, Michael Jordan, Kobe Bryant e muitos outros vão para a academia ou a quadra de basquete mesmo quando não têm vontade. Isso é um ritual. É o mesmo para músicos. Imagine que você é Ed Sheeran e Elton John – aposto que eles se reúnem com seus músicos antes de subir ao palco no início de seus concertos. Este é outro ritual.

Um ritual comportamental é composto de ações consistentes e sistemáticas. Rotinas matinais são rituais. Antes de começar qualquer tarefa, comece seu dia com seu bem-estar pessoal.

Como acontece com muitas coisas, é útil começar pequeno. Esteja aberto e otimista em relação à adição de hábitos graduais em sua vida diária. Não se sobrecarregue fazendo muitas mudanças repentinas em sua rotina.

Capítulo 5

Comece pequeno adicionando tarefas simples, como se esticar por alguns minutos todas as manhãs ou planejar a semana com antecedência em um domingo. Lembre-se de se dar crédito, mesmo que não consiga cumprir sua tarefa todos os dias na primeira semana.

Adicione, gradualmente, mais tarefas à sua agenda para ajudá-lo a se sentir mais saudável e organizado. Você pode experimentar adicionando pequenas tarefas em casa ou para projetos futuros. Planejar e seguir uma programação aprimora sua perspectiva e motivação, enquanto cria mais tempo para você e para as pessoas que importam.

Um passo de cada vez

Não tente fazer "todas as coisas" de uma vez. A multitarefa foi comprovada como menos eficiente do que fazer uma coisa de cada vez e sentir-se estressado e ansioso. A eficiência é alcançada fazendo as coisas uma de cada vez e concentrando-se em suas tarefas importantes, em vez de dividir seu esforço e foco em várias coisas ao mesmo tempo.

Há um equívoco comum em relação à gestão do tempo. Muitas vezes pensamos que, quanto mais coisas fazemos ao mesmo tempo, mais rápido alcançamos nossos objetivos. Isso raramente funciona. A chave para alcançar nossos objetivos é produzir um trabalho de qualidade enquanto gerenciamos nosso tempo.

Dedique um minuto para olhar para um projeto específico. Considere sua programação, quantidade de trabalho ou entrada necessária e o objetivo que você

‟ Não tente fazer 'todas as coisas' de uma vez. A multitarefa foi comprovada como menos eficiente do que fazer uma coisa de cada vez e sentir-se estressado e ansioso. „

@cesarhasselmann

Capítulo 5

está tentando alcançar neste projeto. Divida o projeto em tarefas menores. Tente criar um cronograma. Dessa forma, pode ver o progresso em um nível micro e ver quais tarefas menores pode concluir em um tempo muito mais curto e quais tarefas exigem mais esforço, tempo ou pesquisa. Depois de dividir seu projeto, é hora de colocá-lo em sua programação.

Ajude sua mente a se desintoxicar e leve seu tempo. Há tempo para tudo; cabe a você como usar o seu tempo.

Além da família, amigos, vida e trabalho, também precisa de tempo para si mesmo. Lembre-se de agendar um tempo para você.

Eu amo este artigo de Curt Steinhorst, "Como a multitarefa erode a produtividade e afeta o seu QI". Sinta-se à vontade para pesquisar e ler este artigo no seu tempo.

O que você aprendeu até agora?

Estudos concluem que o *workaholism* não é um distintivo de determinação nem é recomendado. O *workaholism* é uma demonstração da mente humana em excesso. Não é saudável e gera mais ansiedade, estresse e depressão. Pode ter um impacto negativo na vida adulta dos seus filhos.

O fato de termos tanto a lidar em nossas vidas diárias é um testemunho do que a mente humana e a determinação podem suportar. Essas demandas constantes em nossas vidas nos lembram de que somos capazes de tudo o que colocamos em nossas mentes, e as únicas limitações são as que impomos a nós mesmos. Sempre haverá tempo para tudo.

Quebrando o ciclo do "trabalhismo"

Cada um de nós tem o poder de escolher nossos limites e decidir em quais partes de nossas vidas gastar menos tempo e em quais gastar mais tempo. Sua vida é sua para decidir como melhorar. O tempo não é seu inimigo a ser derrotado, mas um amigo com o qual você precisa se conhecer melhor, trabalhar e chegar a um acordo. Quando você o faz, ele se torna seu melhor recurso.

Existem ciclos em nossa vida, assim como existem ciclos para o clima, e precisamos dominá-los todos, assim como o ambiente natural e os animais. Esses ciclos vêm em quatro formas:

1. Ciclo pessoal;
2. Ciclo de família e amigos;
3. Ciclo profissional;
4. Ciclo da indústria.

Vou falar sobre cada um desses ciclos no meu próximo livro, *A vida é uma jornada de ciclos*. Por favor, deixe-me saber se você gostaria de receber uma notificação especial do lançamento do meu livro, e ficarei feliz em enviar uma em primeira mão. Envie-me uma mensagem no Instagram @cesarhasselmann.

ESQUEMA

Responda às perguntas para ajudar a quebrar o hábito do *workaholism* e melhorar o equilíbrio entre vida e trabalho.

Capítulo 5

1. Quantas horas, em média, você trabalha por dia?
_____
_____

2. Com que frequência você trabalha horas extras?
_____
_____

3. Se trabalha frequentemente 12 horas ou mais por dia, por que faz isso?
_____
_____

4. Olhe para a sua agenda e defina períodos de tempo livre. Além disso, planeje seus fins de semana e faça com que sejam livres de compromissos de trabalho.
_____
_____

5. Comprometa-se com este cronograma por uma semana. Liste suas observações sobre como a vida melhorou e quaisquer desafios que precisaram ser enfrentados.
_____
_____

6. Verifique novamente – o seu trabalho extra é devido a uma carga de trabalho muito alta? Se for por causa do volume de trabalho, peça apoio ou transfira suas tarefas menos importantes para outra pessoa.

Quebrando o ciclo do "trabalhismo"

_____

_____

7. Você é uma pessoa do tipo "Sim, por favor" ou uma pessoa do tipo "Não"? Explique.

_____

_____

8. Lembre-se de que comportamentos e hábitos desempenham um grande papel neste jogo mental. Você está trazendo mais trabalho para casa ou trabalhando consistentemente horas extras porque não está feliz com sua vida pessoal ou evitando tomar alguma grande decisão?

_____

_____

É hora de enfrentar seus medos e resolver esses problemas, pois estão sabotando sua vida. Liste, a seguir, as razões pelas quais deve enfrentar seus medos:

1. Por que você deve enfrentar seus medos?

_____

_____

2. Por que você não deve?

_____

_____

Capítulo 5

Página de reflexão:

CAPÍTULO 6

CAPÍTULO 6

APRENDA A DESCONECTAR

Este capítulo trata de aprender a tirar uma pausa do mundo virtual e do trabalho, enquanto se desconecta do estresse que vem com ele. Para alcançar um equilíbrio satisfatório entre vida e trabalho, precisamos determinar os principais estressores em nossa vida para que possamos gerenciá-los. Isso nos dará melhor imagem das ações a adotar para maximizar nosso potencial e alcançar nossos objetivos.

Sendo preocupado na era da tecnologia

Vivemos em um mundo irônico no qual podemos fazer muitas coisas da maneira mais conveniente possível, mas muitas vezes não conseguimos atingir nossos objetivos. A tecnologia nos proporciona a conveniência de que precisamos em várias áreas, como comunicações e negócios. No entanto, o desafio de alcançar um equilíbrio bem-sucedido entre a vida e o trabalho ainda está conosco. Desenvolver nossas atitudes e abordar nossas áreas de melhoria depende exclusivamente de nossos hábitos e da compreensão mais profunda de nós mesmos.

As mídias sociais são indispensáveis e inevitáveis nesta era. Usamos as mídias sociais para muitas funções diferentes, como entretenimento, comunicação, negócios e/ou um portal de aprendizado. No entanto, tendemos a ficar nas mídias sociais como um hábito, e isso pode nos distrair gradualmente de nossos objetivos e de alcançar um equilíbrio entre a vida e o trabalho.

Em vez de reservar tempo para as coisas que importam, nos conectamos às mídias sociais e, inevitavelmente, nos comparamos com os outros. Alguns de nós gastam uma grande parte do tempo on-line bus-

Capítulo 6

cando validação de outras pessoas e alimentando ansiedade e dúvida desnecessárias sobre nós mesmos. Passamos por esse constante ciclo de medo mental, e isso é um dos fatores que nos impede de liberar todo o nosso potencial.

As mídias sociais trazem muito barulho para o seu dia, que é distraído e, às vezes, prejudicial para a sua saúde mental. O conselho é simples: aprenda a desconectar.

Tire um tempo livre

Aprender a desconectar significa designar certa quantidade de tempo longe de seus dispositivos móveis e outras tecnologias. As atividades on-line tiram seu tempo precioso de coisas importantes, como descansar o suficiente, ter tempo de qualidade com seus entes queridos ou se engajar em coisas que o deixam feliz ou relaxado. É importante se afastar dos *gadgets* eletrônicos regularmente.

Desconectar ou ficar offline permite que você se concentre em seus objetivos e tenha mais tempo para a família e amigos. Isso permite que descanse sua mente do trabalho para que possa recarregar e retornar com perspectivas e entusiasmo renovados.

Uma pessoa focada alcança seus objetivos e uma pessoa feliz tem uma vida pessoal satisfatória. Ficar offline permite que se reconecte e melhore seus relacionamentos na vida real. Você passa a maior parte do dia trabalhando e longe de entes queridos. É injusto para você e para as pessoas com as quais se importa chegar em casa e não ficar no seu telefone a noite toda.

"Desconectar ou ficar offline permite que você se concentre em seus objetivos e tenha mais tempo para a família e amigos."

@cesarhasselmann

Capítulo 6

Também é uma boa prática incentivar seus familiares, colegas de trabalho, funcionários e colegas a passarem tempo desconectados. Reserve um tempo para ficar offline como um grupo; isso ajudará a fortalecer amizades e a organização que você possui ou gerencia.

Tome tempo para conversar sobre questões que afetam todos vocês. A comunicação aberta é uma das chaves fundamentais para construir laços fortes e é crucial para o crescimento de uma organização.

Tirar uma pausa das redes sociais como um hábito ajudará você a fazer melhor uso do seu tempo, aumentar produtividade e permitir que canalize sua energia para algo melhor. Se não consegue se desconectar completamente, existem alguns aplicativos que ajudam a monitorar o tempo de tela. Saber o tempo de tela dá uma ideia de quanto tempo está gastando nas redes sociais que poderia ser melhor gasto em outro lugar.

Algum tempo de tela é necessário – no entanto, eu o encorajo a agendar em sua rotina diária para limitá-lo ao tempo correto para o que precisa fazer. Verifique o tempo de tela do seu telefone celular e o tempo de trabalho e certifique-se de que haja tempo suficiente em seu dia para sua família e para você mesmo.

Desenvolvemos o hábito de ficar em nossos telefones sem fazer outras coisas importantes primeiro. Muitas pessoas pegam seus telefones logo de manhã, em vez de se prepararem mentalmente para os desafios e tarefas do dia. Estar nas redes sociais é algo de novidade; podemos existir sem elas e ninguém nos obriga a estar on-line o tempo todo. Você não perderá um dia se não se atualizar nas redes sociais.

Aprenda a desconectar

Em vez disso, você perderá um dia se desperdiçar rolando postagens e desenvolvendo ansiedade desnecessária ao se comparar com os outros. Para alcançar um equilíbrio entre vida e trabalho, a autodúvida e a ansiedade são duas coisas que deve minimizar e eventualmente abandonar. Meu conselho é dar um passo atrás dos gatilhos. As redes sociais podem ser um deles.

O controle é a chave para adotar o hábito de ficar offline durante parte do seu dia. Agende um tempo para desligar e siga-o.

Dicas sobre como ficar offline

Não use seu telefone como despertador. Usar o telefone como despertador estimula o hábito de ficar mais tempo na cama enquanto rola as atualizações em seu telefone. Assim que o telefone toca, a resposta inicial é desligar o alarme e entrar nas redes sociais.

Compre um despertador de verdade. Levante-se e desligue-o. Faça alguns alongamentos e respire profundamente. Dedique tempo para pensar em como você quer que seu dia seja. Use este horário do dia para praticar afirmações positivas.

Não acorde de manhã e se pergunte o que todo mundo está fazendo e o que você está perdendo. Acorde de manhã e aprecie quem você é e o que o dia pode lhe oferecer. Faça as pazes consigo mesmo e planeje suas intenções para "hoje" antes de qualquer outra coisa. Em alguns dias, pode não ser capaz disso, por exemplo, nos finais de semana ou após uma grande festa, e isso está tudo bem! As mensagens dos entes queridos são sempre bem-vindas. Estamos falando de comunicações desnecessárias.

"O que você não sabe não pode preocupá-lo. As notificações muitas vezes distraem a mente. Elas tiram sua atenção das coisas que importam."

@cesarhasselmann

Aprenda a desconectar

Ensinei-me a acordar na hora certa sem ajuda. É engraçado como nossos cérebros funcionam. Se pedir ao seu cérebro para acordar em um determinado horário, você acorda naquele horário. Tenho feito isso desde a minha adolescência e só uso alarmes quando preciso acordar em um horário completamente diferente da minha rotina diária. Mas se tiver a chance de mudar o horário de acordar sem alarmes, faço isso. Experimente fazer isso nas suas férias ou fins de semana e veja como se sai.

Remova as notificações *push*

O que você não sabe não pode preocupá-lo. As notificações muitas vezes distraem a mente. Elas tiram sua atenção das coisas que importam. Imagine tentar fazer planos ou completar uma tarefa com notificações constantemente bombardeando sua cabeça a partir das suas redes sociais. Por mais insignificantes que pareçam, as notificações coletivamente consomem muito do seu tempo.

Enquanto estiver no meio de completar uma tarefa ou passando tempo com a família ou amigos, desative as notificações *push* para que não se sinta ansioso por ignorar o celular toda vez que apitar. As notificações são úteis para prazos e tarefas importantes, então use a função com sabedoria. Maximize as funções necessárias do seu telefone e minimize as funções desnecessárias.

Os telefones podem ser uma distração para o seu tempo ou uma ferramenta conveniente para suas tarefas. Uma situação comum é que não maximiza as funções

Capítulo 6

úteis do seu telefone, como lembretes e aplicativos de agenda que ajudam no gerenciamento do tempo e na conclusão de tarefas. Muitas vezes recebe notificações de mídias sociais que não são necessárias e é hora de desligá-las.

Alguns aplicativos limitam as notificações no seu telefone, exceto aquelas que nomeia para sua lista de emergência ou VIP. Dessa forma, só recebe notificações e mensagens de pessoas que deseja ouvir. Isso ajuda a focar em concluir tarefas e alcançar um equilíbrio entre vida e trabalho.

Controlar o uso do telefone o ajudará não apenas em casa, mas também no trabalho. Você pode definir prioridades quando quiser se concentrar em casa e quando quiser passar tempo de qualidade com família e amigos.

Não trabalhe após o horário de trabalho (quando possível)

Não faça do trabalho após o horário de trabalho parte de sua rotina. É mais um hábito do que uma necessidade. Verifique se está sendo motivado pelo medo e trabalhe em uma solução para isso. Por favor, não complique seus problemas pessoais porque não entende o que o motiva a continuar trabalhando após o horário de trabalho. Deixe o trabalho no trabalho. Sim, mesmo em seu escritório, em casa. Uma porta fechada significa que o trabalho acabou para o dia.

A fonte primária do estresse de qualquer adulto é o seu trabalho ou negócio. Você é um funcionário ou

Aprenda a desconectar

proprietário de um negócio e saber que seu trabalho ou negócio é a fonte primária de renda e sobrevivência o deixa preocupado e ansioso. É normal ir além do que é esperado para manter o negócio ou se destacar no trabalho, mas muitas pessoas fazem isso mantendo o trabalho ou o negócio com elas, se não física, mentalmente, o tempo todo. Dessa forma, elas sentem que estão fazendo o suficiente para garantir sobrevivência e sucesso.

No entanto, essa prática é cansativa e muitas vezes improdutiva. Às vezes, até leva à procrastinação em vez de alcançar várias tarefas ou obter ótimos resultados. Evite levar trabalho para casa, a menos que seja realmente urgente. É melhor estender as horas no trabalho em vez de levar trabalho para casa.

Ser organizado permite que seu trabalho faça parte da sua vida, não que sua vida faça parte do seu trabalho. A vida é maior do que o trabalho. Sim, você quer colocar o máximo de esforço no seu trabalho. Portanto, há a necessidade de gerenciar seu tempo, porque a verdade é que sempre há tempo para qualquer coisa. A única pergunta é o que fazemos com nosso tempo. Trabalhar longas horas pode ser improdutivo. Pode prejudicar a qualidade do seu desempenho. Sua atenção aos detalhes será prejudicada e o estresse pode afetar seu senso de perspectiva. Além disso, a carga de trabalho pesada e a pressão podem levar à depressão, problemas de sono, memória prejudicada e até doenças cardíacas.

A arte de trabalhar é saber quando fazer uma pausa, quando parar no final do dia, quando fechar o computador ou fechar os livros. Mesmo que você esteja

Capítulo 6

fazendo o que ama, trabalhar demais como um hábito pode ser prejudicial. Isso afeta sua saúde e seus relacionamentos com amigos e familiares.

A chave para se reagrupar e voltar mais forte é deixar o trabalho ou começar a trabalhar no momento certo para você. Entenda seu ciclo pessoal. Se é uma pessoa matutina, o melhor momento para entrar em contato com as pessoas e planejar será de manhã. Trate esse tempo como um momento especial do dia. Menos internet, menos distração e mais foco por três a cinco horas vão cobrir mais do que dez a quinze horas de trabalho normal para você.

É importante entender suas limitações físicas e mentais para garantir que não se esgote. Estabeleça metas realistas para o dia, faça o seu melhor para alcançá-las e, assim que sentir que fez o suficiente, é hora de encerrar o dia.

No meu caso, não trato segunda-feira como segunda-feira. Para mim, todos os dias são "domingo". Assim que termino meu trabalho, me recompenso. Assistir a um filme, surfar, pescar, velejar, andar de bicicleta, dirigir um 4x4 - o que eu sinto vontade. Eu vou ao cinema no início de cada semana. Eu saí na semana anterior às férias escolares. Talvez eu trabalhe no domingo e vá à praia na quarta-feira. Tenho essa flexibilidade.

Eu sempre cumpro prazos com todos os clientes e entregas de projetos. Também planejo e trabalho no que acredito que será o próximo passo do meu cliente e me preparo para atender às suas necessidades antes que precisem de mim. Esse nível de organização me permite ter liberdade com o meu tempo.

„ Estabeleça metas realistas para o dia, faça o seu melhor para alcançá-las e, assim que sentir que fez o suficiente, é hora de encerrar o dia. "

@cesarhasselmann

Capítulo 6

O desafio é maximizar a eficiência eliminando distrações e aumentando o seu foco. Assim que terminar o trabalho, descarregue, volte para casa e aprecie as coisas que o cercam fora do ambiente de trabalho.

Educar-se para entender sua vida, valores pessoais, limites e objetivos permitirá que você se concentre no que é importante. Uma GRANDE DICA que eu sigo é, quando termino as reuniões e relatórios dos meus clientes, treinamentos e apresentações, me concentro em trabalhar em todos os resultados daquela visita, reunião ou treinamento.

Então, começo a preparar todos os meus próximos passos para nossas próximas reuniões e treinamentos. Dessa forma, já tenho a estrutura da próxima etapa do nosso processo pronta, pronta para adicionar o conteúdo. Isso torna meu trabalho mais rápido e confiável, já que dessa forma não me esqueço de nada. Tenho isso fresco em minha mente. No meu caso, visito meus clientes uma ou duas vezes por mês, é importante pegar o treinamento de onde paramos.

Não faz mal tirar uns dias *off*

Outro segredo para alcançar o equilíbrio entre vida e trabalho é não apenas melhorar o aspecto do trabalho, mas também o aspecto da VIDA. A vida não se limita apenas a sobreviver e ganhar o respeito das pessoas ao seu redor. Há tanto que uma pessoa pode fazer para crescer e viver uma vida significativa.

Outro aspecto de desconectar é deixar tudo em pausa por um tempo e ir de férias. Tire um tempo para mu-

Aprenda a desconectar

dar o ritmo e o cenário. Vá para um lugar onde possa apreciar um ambiente totalmente diferente e desfrutar de atividades com sua família e amigos. Aproveite e aprecie a personalidade que tem fora do trabalho com as pessoas que importam para você. Deixe o trabalho para trás por um tempo.

Recarregue, melhore seu bem-estar e obtenha *insights* para aprimorar sua estratégia de alcançar um equilíbrio entre vida e trabalho. Depois de voltar das férias, você terá mais energia para completar suas tarefas e alcançar seus objetivos.

Não dói tirar férias. As férias são terapêuticas para a mente, corpo e alma. Desconecte-se do mundo e aproveite o que a natureza tem a oferecer. Férias não necessariamente significam uma viagem luxuosa. Pode ser uma pequena saída para passar tempo com seus entes queridos e desenvolver laços fortes, ou até mesmo algum tempo sozinho, se for isso que precisa.

Aprendi a tirar férias a cada três meses por pelo menos três a cinco dias. Percebo que meu cérebro e foco se esgotam após três meses de trabalho duro. Para manter-me no mais alto nível de desempenho possível, adotei este programa de três meses de trabalho para uma semana de folga. Desde então, alcancei todos os meus objetivos trimestrais e resultados esperados.

Percebi que a cada três meses temos um mês com cinco semanas. Essa semana é minha semana BÔNUS para minhas pausas. Depois de perceber isso, comecei a pensar em como poderia aproveitar ao máximo minha semana de folga.

"Muito pouco é necessário para se ter uma vida feliz, e isso começa dentro de você. Não leve seu trabalho para casa. Trabalho e vida em casa são duas coisas completamente diferentes."

@cesarhasselmann

Aprenda a desconectar

O que você aprendeu até agora?

Aprender a desconectar vai longe na conquista de equilíbrio entre vida e trabalho. Desde tirar folgas, saber quando pausar o trabalho e se afastar das mídias sociais, alcançar essas coisas pode impactar sua vida em muitos níveis. Primeiro, isso faz você perceber quanto tempo tem e as coisas que pode fazer em um dia quando gerencia seu tempo com mais precisão.

Segundo, ajuda a apreciar os esforços que está colocando em seu trabalho ou negócio e perceber que esses esforços devem ser recompensados por ninguém além de você.

Terceiro, lembrar de suas capacidades e que tem o que é preciso para ser bem-sucedido em seu negócio ou carreira. E, por último, é lembrar de que a vida não é apenas sobre trabalho, também envolve outras pessoas que se importam e que acreditam em você. A vida também é sobre se divertir e fazer coisas que te deixam feliz.

Aprender a se desligar significa que está tomando a gestão do seu tempo em suas próprias mãos para ajudar a redescobrir e apreciar a si mesmo pelas coisas que PODE fazer.

Muito pouco é necessário para se ter uma vida feliz, e isso começa dentro de você. Não leve seu trabalho para casa. Trabalho e vida em casa são duas coisas completamente diferentes. As pessoas encontram felicidade em seus entes queridos e, sim, na satisfação do trabalho. Fama, dinheiro, reconhecimento e poder significam pouco a menos que possamos compartilhá-los com as pessoas que amamos e que nos apoiam.

Capítulo 6

Tirar uma pausa quando estiver ocupado também pode ser uma abordagem útil para o trabalho e para a vida. Isso o remove da situação e dos problemas, permitindo tempo para que seu cérebro possa digerir a situação e ter uma visão melhor. Essa pausa permitirá que vá trabalhar NO NEGÓCIO para trabalhar NA VISÃO DO NEGÓCIO.

É importante saber que meu plano de férias é baseado em meus resultados de trabalho. Só faço isso se tiver alcançado todos os meus objetivos trimestrais. Encorajo você a adotar essa abordagem de maneira que funcione para você e seu estilo de vida.

Tiro minhas pausas a partir da noite de quarta-feira após o trabalho e volto na segunda-feira seguinte, e ninguém mais sente falta naquela semana. A sensação emocional é de que saí na segunda-feira (quatro dias depois que parti para minha pausa) porque planejei tudo para o mês e sei que qualquer problema pode ser resolvido por minha equipe, me desconecto para que possa me reenergizar e manter minha alta performance para o ano. Minha assistente tem minhas instruções e ela me encontrará se for necessário.

Se eu sair do meu negócio na quarta-feira depois do almoço, posso tomar todas as minhas decisões para aquela semana e me desligar antes que alguém perceba que fui embora.

E como funciona

Quarta-feira, saia após o almoço e pegue um voo noturno:

Dia 1, quinta-feira: acorde no seu destino. Faça o *check-in*. Envie os últimos e-mails e mensagens de texto antes de se desconectar. Relaxe durante o dia;

Aprenda a desconectar

Dia 2, sexta-feira: tempo para mim, seja o que for que isso signifique para você, incluindo mente, corpo, alma, emoções, família e amigos;

Dia 3, sábado a quinta-feira: tempo para mim;

Dia 9, sexta-feira: revelação da viagem – reunir-se e aprender com o passado. Seguir em frente com uma visão mais forte e clara de quem você é, o que quer da vida e como alcançar isso;

Dia 10, sábado: retornar para casa;

- Acordar em sua cama no DOMINGO. Descansar e colocar as coisas em dia em casa e no trabalho antes da SEGUNDA-FEIRA, quando você volta ao trabalho.

O engraçado é que a maioria dos meus clientes tem uma reunião presencial uma vez por mês. Quando eu volto e tenho reuniões com eles, não conseguem acreditar que tive uma pausa. Alguns dos meus funcionários sentem o mesmo. Uma semana de folga não muda nada, especialmente quando sua equipe e seus clientes estão ocupados e comprometidos com os próprios planos e metas.

No final do ano, sinto-me tão fresco e motivado quanto no início do ano. A vida é ótima. Eu estou feliz, e minha família, amigos e clientes também estão felizes!

ESQUEMA

1. Consulte as configurações do seu telefone e procure por um monitor de tela/tempo. Observe o tempo total

Capítulo 6

que você gasta no seu telefone. Quantas horas passa on-line por dia e fazendo o quê?

Quais são os aplicativos que mais consomem tempo?

2. Liste seu dia típico de trabalho, desde o momento em que você acorda até o momento em que vai dormir. Liste o que faz a cada duas horas.

Faça isso por cerca de uma semana para que possa ver padrões e entender o que está fazendo com o seu tempo. A partir disso, poderá gerenciar melhor o seu tempo. Registre o que acredita que é sua gestão diária do tempo e compare isso com a realidade em uma semana. Aprenda com isso e avance para as novas habilidades de gestão de tempo.

Dia 1: _____

Manhã de: _____

Tarde de: _____

Noite de: _____

Da manhã até: _____

Da tarde até: _____

Da noite até: _____

AM/PM: _____

PM: _____

PM/AM: _____

Aprenda a desconectar

3. Depois de organizar seu dia típico, faça um cronograma. Um cronograma coloca certas tarefas em determinados horários do dia, desde o momento em que você acorda até o momento em que vai dormir.

Siga o cronograma por uma semana e observe se conseguiu seguir o cronograma.

4. Faça uma lista dos seus eventos típicos de fim de semana. O que você sempre acaba fazendo nos finais de semana? O que está perdendo e o que sua família e amigos gostariam que fizesse com eles?

Pare aqui e volte em uma semana para responder às perguntas a seguir.

1. Quais mudanças notou seguindo o seu cronograma?
_____
_____

2. Se não conseguiu seguir o cronograma, o que aconteceu? Quais mudanças você precisa fazer?
_____
_____

3. Quando foi a última vez que tirou férias? Quando está planejando suas próximas férias? Escreva o que gostaria de fazer quando tiver sua próxima pausa.
_____
_____

Capítulo 6

Não se esqueça de:

- Comprar um despertador de mesa ou usar os serviços de casa inteligente para acordá-lo. Acompanhe seu cronograma e compare-o com quando você costumava usar seu telefone como despertador. Anote suas observações;

- Tente acordar em um horário específico sem um alarme definido. Eduque seu cérebro para fazer o trabalho por você. Sentirá a diferença ao acordar naturalmente em vez de usar seus alarmes matinais. Isso me ajuda a começar meu dia em um humor muito melhor e com níveis de energia mais altos.

Apenas por diversão, comece a planejar sua próxima pausa trimestral usando o planejador de viagens de três etapas.

Planejador de viagens

1. Data de início: _____

2. Qual é o plano: _____

Dias de descanso: nos dois primeiros dias, estará se acalmando de seus dias ocupados. Após esses primeiros dois dias, tente se afastar do seu celular e outros dispositivos. Concentre-se no que deseja fazer, como deseja fazê-lo e permita que isso dite o seu desfrute da viagem e o seu tempo pessoal e familiar.

Aprenda a desconectar

Os desejos do dia a dia da sua viagem: alinhe-os com os seus companheiros de viagem e certifique-se de que todos estão na mesma página.

3. Um dia antes de voltar: comece a se organizar e voltar ao ritmo das coisas. Pense e verifique as coisas que estão por vir para evitar grandes surpresas no seu retorno ao trabalho.

Anotações e reflexões:

CAPÍTULO 7

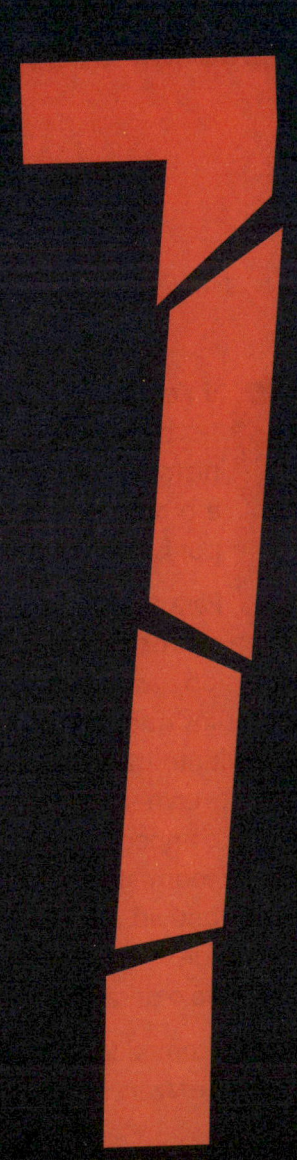

CAPÍTULO 7

PASSADO-PRESENTE-FUTURO

Bil Keane, um cartunista americano, disse uma vez que "o ontem é história, o amanhã é um mistério e o hoje é uma dádiva de Deus, por isso é chamado de presente".

Para avançar em sua vida e carreira, você precisa deixar para trás seus erros do passado. Não fique pensando nos fracassos que teve em sua jornada de vida, no último trabalho ou em um empreendimento comercial. Não permita que a ansiedade o impeça de atingir seu potencial máximo. É normal que os seres humanos sintam autodúvida, mas você precisa estar consciente disso e entender para não permitir que isso o desanime.

Os erros são cometidos para que possa aprender com eles e fazer escolhas melhores na próxima vez. Enquanto busca o sucesso, a falha é inevitável. Pesquisas indicam que se tem menos de 30 anos, há 90% de probabilidade de enfrentar contratempos em sua carreira. Os maiores realizadores ao longo dos anos experimentaram repetidamente o fracasso.

J.K. Rowling, autora dos livros de Harry Potter, disse: "Eu tinha falhado em uma escala épica. Um casamento excepcionalmente curto havia fracassado e eu estava desempregada, sozinha e tão pobre quanto possível na Grã-Bretanha moderna sem ser sem-teto. Os medos que meus pais tinham para mim e que eu tinha para mim mesma haviam se concretizado e, por todos os padrões usuais, eu era o maior fracasso que eu conhecia". Ela atribui sua força e determinação em superar esse fracasso como a chave para seu sucesso.

Hoje Robert Downey Jr. é um nome conhecido por seu papel amado como Tony Stark/Homem de Ferro na franquia de filmes da Marvel. Mas seu sucesso não

Capítulo 7

veio sem contratempos e falhas. Ele teve uma batalha pública com o vício em drogas que o levou a muitas passagens pela cadeia, mas, no final das contas, ele venceu o vício das drogas e saiu por cima.

Para alcançar qualquer forma de equilíbrio em sua vida, faça as pazes com seu passado, concentre-se em seu presente e prepare-se para seu futuro. Erros e falhas são partes vitais do progresso. A vida nunca é perfeita, então devemos nos acostumar com a possibilidade de contratempos e aprender a conviver com eles, aprender com eles e, eventualmente, superá-los.

Faça as pazes com suas falhas do passado

Em primeiro lugar, assuma a responsabilidade e admita seus erros. Pense no que realmente deu errado e faça planos cuidadosos sobre como progredir. Em vez de culpar fatores externos, assuma a parte que você desempenhou. Avançar é a única maneira de progredir e garantir seu presente.

Se é um funcionário, não gaste seu tempo culpando a gerência ou seu ambiente de trabalho ruim. Em vez disso, dedique tempo para se aprimorar e encontrar maneiras de progredir em sua carreira. Você pode até reconsiderar se é o ambiente ou campo certo para você. Talvez seja necessário dar o grande passo para mudar de emprego.

Em segundo lugar, aproveite todas as chances que puder para experimentar coisas novas. Saia da sua zona de conforto. Pense em suas falhas como avanços que abrem o caminho para seu próximo sucesso.

> Para alcançar qualquer forma de equilíbrio em sua vida, faça as pazes com seu passado, concentre-se em seu presente e prepare-se para seu futuro.

@cesarhasselmann

Capítulo 7

Tente fazer as coisas de maneira diferente e veja onde isso o leva. Adote uma nova abordagem e veja como ela funciona.

Em terceiro lugar, separe-se de suas falhas. O fato de um determinado caminho ou padrão não estar dando certo não significa que você é um fracasso. Suas falhas passadas não definem quem você é como pessoa. Apenas porque falhou várias vezes não significa que continuará falhando.

Existem várias maneiras de concluir uma determinada tarefa. Tudo o que você precisa fazer é estar mais ciente das possibilidades e consequências e planejar para evitar encontrar os mesmos contratempos e falhas.

Por último, não se preocupe com o que os outros pensam de você. Muitas pessoas passam tempo estressadas com o que os outros pensam delas em vez de dedicar todo esse tempo para aumentar seu potencial. As pessoas sempre estarão lá para fazer sentir que não está fazendo o suficiente – cabe a você mostrar que elas estão erradas.

Focando no presente

O próximo passo é se concentrar no presente e passar o tempo no AGORA em vez de se preocupar com o passado ou o futuro. A chave para a felicidade geral é encontrar satisfação tanto na sua vida pessoal quanto profissional.

As pessoas geralmente se encontram muito ocupadas com seu passado ou ansiosas pelo seu futuro. Tendemos a perder de vista o fato de que a única coisa que importa é o presente. O presente está dentro

Passado-presente-futuro

dos seus limites e controle. O que você fizer hoje terá um efeito direto sobre o seu futuro. Não há sentido em reviver o passado. A única coisa que pode fazer com o passado é refletir e aprender com ele.

Concentre-se no que você deve fazer hoje. Seu futuro é moldado pelas decisões e ações que toma no presente. O futuro é muito incerto e o passado não pode ser mudado. Assuma o controle do presente.

Os problemas são inevitáveis. Não tema os problemas que surgem no seu caminho; em vez disso, receba-os de braços abertos. Os problemas estão lá para testar suas capacidades e determinação. Os problemas surgem para que possa ver como opera em várias situações. Você enfrenta problemas para melhorar e se superar.

No entanto, quando confrontado com um problema no trabalho ou em casa, não permita que um afete o outro. Não permita que seus problemas em uma área afetem os outros aspectos da sua vida. E não se preocupe. Não traz benefícios. Isso o deixa ansioso e improdutivo. Quando não está trabalhando, faça outras atividades para distrair a mente e não se estressar com uma situação. Tente fazer algum exercício ou meditar.

Você só vive cada dia uma vez. Assim que ele passa, nunca mais o terá de volta. Seja sábio e prático enquanto vive sua vida. Certifique-se de que está em seu melhor estado em tudo o que faz. Sempre coloque o melhor esforço em cada dia.

Você pode pensar que sua vida diária é apenas um ciclo, mas olhar para ela com uma nova perspectiva coloca as coisas em movimento. Tudo o que você faz agora afetará seu futuro. Aborde cada dia com entu-

> Definir metas de curto prazo lhe dá um senso de propósito e realização para impulsionar seus objetivos de longo prazo. As metas de curto prazo reforçam seu senso de realização para prosseguir e conquistar feitos maiores na vida.

@cesarhasselmann

Passado-presente-futuro

siasmo e otimismo. "Hoje é a esperança de que seu futuro precisa. Faça o melhor disso" (o autor).

Aproveitando ao máximo o hoje

O sucesso e o equilíbrio não vêm como mudanças rápidas ou em apenas um dia. São graduais. Comprometer-se a adotar mudanças e novos hábitos em sua vida não é um processo noturno. Isso envolve muita paciência, comprometimento e otimismo. Faça o esforço consciente de cuidar de sua mente e corpo. Esta é sua arma final para o sucesso.

Se está constantemente preocupado com o futuro ou preso em seus fracassos do passado, comece com pequenas metas de curto prazo. Definir metas de curto prazo lhe dá um senso de propósito e realização para impulsionar seus objetivos de longo prazo. As metas de curto prazo reforçam seu senso de realização para prosseguir e conquistar feitos maiores na vida.

Celebre

Desfrute seus momentos de conquista com as pessoas ao seu redor. Celebre todas as suas conquistas, por menores que possam parecer. Sempre dê crédito a si mesmo, porque todos os seus esforços, por menor que sejam, sempre levam a algo. Uma pequena ação leva a uma pequena fração que constrói o seu futuro.

Acompanhe o seu dia. Mantenha uma lista das coisas que você fez e planeje o que fará no dia seguinte. Esta é a única maneira de ser mais consciente do seu tempo e aprender a gerenciá-lo.

Capítulo 7

A chave para o sucesso e a felicidade geral não é trabalhar demais e se isolar de tudo e de todos. A felicidade traz uma determinada motivação que você precisa para criar foco e perspectiva sobre as coisas. Celebre! Apenas por diversão, escreva uma mensagem de parabéns para si mesmo.

As etapas da aprendizagem

Existem quatro etapas para gerenciar a vida e alcançar equilíbrio e sucesso. Você precisa estar ativamente ciente dessas etapas para identificar e executar seus planos corretamente.

1. Estagnação

Este é um estado de inatividade. Basicamente, manter o *status quo*. Esta é uma fase em que está parado. Você está contente com as coisas que atualmente tem em sua vida, até que algo perturba o seu estado de espírito. Este ciclo termina quando começa a se perguntar por que não se sente mais satisfeito com o seu estado atual.

2. Circulação

Esta é a ação de passar de um lugar para outro ou de uma pessoa para outra. É a fase em que começa a fazer melhorias ou até mesmo questionar o seu propósito e objetivos. É aqui que você começa a se mover em busca do que deseja alcançar e olha como deve começar a fazer mudanças em sua vida. É a ação de sair da sua zona de conforto.

Passado-presente-futuro

3. Integração

Isso significa introduzir novos elementos e combiná-los com os existentes. É a fase em que começa a fazer conexões e conclusões. Neste ponto, começa a se avaliar. Você começa a consolidar informações recém-adquiridas e a encontrar maneiras de incluí-las em um sistema que já conhece. Você começa a adotar novos hábitos ou usar novas perspectivas em suas tarefas.

4. Crescimento/estagnação

Esta é uma fase crucial em que coloca todos os ganhos das fases anteriores em bom uso. Você chega a suas conclusões com base em uma combinação de conhecimento recém-adquirido e suas experiências. Você toma a decisão de se deve fazer mudanças em sua vida ou mantê-la como está. Esta é a fase em que considera completamente se deve continuar com as mudanças em seus hábitos e práticas ou se deve seguir o *status quo*.

O que aprendeu até agora? Você toma decisões a cada minuto. Assuma a responsabilidade por todas as decisões que toma e aceite as possíveis consequências. Certo ou errado, assuma suas ações e comportamentos. Isso impede que se sinta arrependido de si mesmo e permite que assuma o crédito por seus esforços enquanto pensa em como melhorar ainda mais.

Concentre-se nas suas intenções e desejos. Tenha um mapa claro de como pretende tornar os seus desejos realidade. Trabalhe no seu plano para equilibrar a sua vida pessoal e profissional. Não fique com inveja do que ou-

Capítulo 7

tras pessoas têm. Resista a influenciar os outros para tirar proveito deles. Faça o bem aos outros. Nada o impedirá de obter as recompensas dos seus esforços se for trabalhador, apaixonado, sincero e humilde. Dedique algum tempo a tentar compreender o seu propósito na vida. Isso dará frutos positivos. Lembre-se de que fazer as pazes com os seus erros passados e aprender com eles são formas de avançar. Ser mais aberto a aprender com os erros o tornará mais capaz de os evitar no futuro. Não importa o quão graves foram esses erros, não estão lá para o impedir de avançar. Hoje é valioso. Esteja sempre no seu melhor.

PLANO

1. Lembre-se dos seus cinco erros ou enganos mais recentes. Liste-os aqui:

a. _____

b. _____

c. _____

d. _____

e. _____

2. Reflita sobre esses erros ou enganos. Liste as suas realizações sobre cada um – o que os causou?

> Ser mais aberto a aprender com os erros o tornará mais capaz de os evitar no futuro.

@cesarhasselmann

Capítulo 7

3. Agora, liste as coisas que poderia ter feito para evitar esses erros ou enganos, ou melhor, acrescente o que aprendeu com eles.

_____

_____

4. Sabendo o que sabe agora, reúna a sua visão e experiência. Comece por listar os pontos fortes que o ajudarão a evitar erros futuros ou a aprender com eles. Em seguida, liste os pontos fracos que possam ter levado a erros em primeiro lugar.

PONTOS FORTES: _____

_____

_____

PONTOS FRACOS: _____

_____

_____

5. Escreva uma mensagem para o seu futuro eu: O que aprendeu? O que fez bem? O que fará diferente no futuro?

_____

_____

Anotações e reflexões

Obrigado pelo tempo que passou comigo. Minha jornada de vida é ajudar pessoas como você a saírem da corrida dos ratos e começar a própria jornada para uma

Passado-presente-futuro

vida melhor. Se eu puder chamar isso de "despertar" do sistema social de hoje, farei isso.

Por favor, deixe-me saber seus pensamentos sobre este livro e como ele ajudou a moldar sua vida para melhor. É importante entender. Isso me motivará a continuar criando conteúdo como este para ajudar pessoas que lutam para alcançar o equilíbrio entre vida e trabalho (Instagram @cesarhasselmann).

Lembre-se: não estamos sozinhos e nunca estaremos. Viva no presente, abra sua mente e verá isso. Obrigado pelo seu tempo comigo.

Assinado,
Cesar A.G. Hasselmann

NOSSA HISTÓRIA

O QUE FAZEMOS E COMO CHEGAMOS AQUI

Cesar A.G. Hasselmann começou sua primeira pequena empresa de DJ no Brasil quando tinha apenas treze anos. Iniciando sua jornada com os equipamentos antigos do pai, ele continuou a crescer gerenciando festas e empregando três DJs adicionais para ajudar em seus eventos. No entanto, aos dezesseis anos, seu amigo e sócio L. L. ficou doente e perdeu a batalha. O desejo de Cesar de continuar trabalhando em seu empreendimento de DJ desapareceu, e decidiu parar.

Desde então, testemunhou inúmeras empresas terem sucesso e outras falharem. Ele conquistou vários setores diferentes e construiu uma empresa com 120 funcionários do zero, com clientes como Coca-Cola, PepsiCo, Ogilvy, McCann Erickson, TIM Mobile, Vodafone, Oi Telecommunication, BR Oil and Gas & Distribution Centres, Petrobras, Embelleze Hairdressing, Nivea, Pfizer, Martin Andersons, projetos sociais e muitas marcas globais no exterior.

Cesar decidiu usar seus novos conhecimentos e habilidades para ajudar outras empresas a terem sucesso, como fez. Ele alcançou esse objetivo ajudando muitas empresas na Austrália durante momentos difíceis, tornando-se conhecido à medida que seus talentos se tornaram evidentes. Desde então, ajudou com sucesso muitos tanto em seus negócios quanto em suas vidas pessoais, resultando em ramificar-se para criar a própria consultoria AMH para ajudar proprietários de pequenas e médias empresas a alcançarem um sucesso semelhante.

Um cliente uma vez pediu a Cesar que compartilhasse o grande impacto positivo que teve em sua vida com outras pessoas, e a ideia do livro "quebra de vida" nasceu.

Uma das citações favoritas de Cesar A.G. Hasselmann veio de uma parceira de um de seus clientes. Ela disse: "Quando meu parceiro volta para casa frustrado com o trabalho, eu peço para ele parar, ligar para o Cesar e, depois entrar em casa novamente!".